KB235502

23시 30분
1면이
바뀐다

이 책은 방일영문화재단의 지원을 받아 연구·저술되었습니다.

23시 30분 1면이 바뀐다

주영훈 지음

가디언

설영과 한봄에게

–

내일까지 30분

"〈조선일보〉는 신문을 어떻게 만들어요?"

"〈조선일보〉는 왜 신문을 그렇게 만들어요?"

낯선 사람을 만나 서로 자기소개를 할 때 〈조선일보〉 편집부에서 일한다고 하면 다들 이 두 가지 질문 중 하나를 묻는다. 언론계에 종사하는 사람이거나 〈조선일보〉 독자인 경우는 전자를, 보수 언론에 대한 반감을 가진 사람인 경우는 후자를 묻는다.

그러면 나는 이렇게 대답한다.

"신문 편집은 항상 긴박하게 돌아가요. 내일까지 30분만 남았다는 생각으로 만들죠."

사람들은 처음엔 의아해 하다가도, 자꾸 캐묻는 건 예의가 아니라고 생각한 듯 슬그머니 화제를 돌린다. 그리고 속으로 이렇게 생각할 것이다.

긍정적일 경우: 밤 11시 30분이란 건가? 정말 늦게까지 고생하는구나.

부정적일 경우: 그렇게 촉박해? 생각할 시간이 없으니 윗사람 지시만 따르나 보네.

일간신문 편집자에게 있어 내일이란, 지면이 완성되는 순간이다. 오늘 만드는 것이 내일 신문이기 때문이고 오늘 제대로 만들지 않으면 이 직업에 내일은 없기 때문이다. 밤 12시를 넘겼더라도 지면이 완성되지 않았다면 신문 편집자에게는 아직 오늘이고, 오후 7시라도 지면이 완성되었다면 그 시간 이후로는 이미 내일이다.

내일까지 편집부는 항상 빠듯하다. "11시 30분이 데드라인이니까 기사는 11시까지 마감해주세요." 한밤 편집국에서 자주 들을 수 있는 말이다. 그러니까 기사가 마감 시간을 지켜서(대부분 더 늦지만) 전송된다 해도 편집자에게 주어지는 시간은 고작 30분이다. 종일 지면 구상을 해놓건 한밤에 돌발 사건이 터지건 관계없이 30분 안에 기사를 읽고 판단을 하고 제목을 달아야 한다. 그래서 신문 편집자는 언제나, '내일까지 30분'이다.

그 30분 동안 편집국에서 무슨 일이 벌어지는지 보여주기 위해 이 책을 썼다. 더불어 신문 1면의 헤드라인과 사진에 숨은 비밀, 지면의 파격적인 변화 등 일반인들도 신문 편집이라는 생소한 분야를 경험할 수 있게 적었다. 어떻게 만드는지, 왜 그렇게 만드는지, 두 질문 모두에 답이 될 수 있을 것이라 생각한다.

차례

1부 편집국 이야기
그 밤 누가 신문을 바꿨을까

2부 제목 이야기
오늘 제목을 완성하면 내일 죽어도 좋다

3부 신문 편집 이야기
신문이 세상을 바꾼다, 편집이 신문을 바꾼다

10년의 밤

늦은 밤 서울 광화문 인근의 신문사 건물 3층. 편집국은 고요하다. 팔레스타인 시위대에 고함치는 이스라엘 병사, 경찰을 향해 화염병을 던지는 베네수엘라 청년, 반군에게 기관총을 쏘아대는 시리아 정부군의 사진이 1면 편집자의 컴퓨터 화면을 가득 채우고 있다. 평범하다. 병사와 청년과 정부군의 얼굴이 바뀌었을 뿐, 어제와 다를 바 없는 지구 반대쪽의 일상이다. 옆쪽 벽면에 늘어선 텔레비전에는 이 시간이면 어김없이 등장하는 CNN과 NHK의 아나운서가 무언가를 설명한다. 음소거 상태여서 소리는 들리지 않는다. 심각한 표정들이지만 브레이킹 뉴스[*]를 알리는 붉은 자막은 없다. 나는 길게 하품을 한다.

[*] Breaking News. 긴급 속보를 말한다.

아침에 배달될 신문의 지면은 밤 11시 30분에 완성되었다. 윤전기가 고속으로 찍어내고 있으니 편집국의 일도 끝난 셈이다. 하지만 종이 신문은 아날로그다. 종이에 잉크로 인쇄해서 말리고 잘라서 모은 후 접어야 한다. 인쇄 공장에서 처리해야 하는 물리적 작업의 특성상, 정해진 부수를 모두 인쇄할 때까지는 아직 시간이 남았다. 그 동안에 일어날 수도 있을 뉴스에 대비하는 것도 1면 편집자인 나의 일이다. 야간 뉴스 대기조라고 할까. 일반 사람들에게는 생소한 이 일을 맡은 지 벌써 10년이 넘었다.

오늘은 조용한 밤이다. 아차, 이 말은 야근자에게는 금기어다. 폭풍전야라는 말을 뱉으면 없던 폭풍도 생기는 법이다. 조용한 밤은 언제라도 전쟁 같은 밤으로 바뀔 수 있다. 방금 내 말이 씨가 되어, 지금 이 순간 미국 뉴욕에서 대형 테러가 발생한다면 편집국에 어떤 일이 벌어질까. 아마 이렇게 될 것이다.

CNN과 NHK 화면에 붉은 자막이 뜬다. 아직 상황을 파악하지 못하고 있는 앵커의 얼굴에는 당황하는 기색이 역력하다. 전 세계 매체들이 전송하는 속보가 인터넷에 쏟아진다. 벌써 수십 개의 기사가 떴는데도 자신들이 처음 보도하는 것처럼 하나같이 '긴급 속보’ 간판을 단다. 사진 모니터*엔 통신사들이 소셜 미디어에 올라온 현장 사진들을 줄줄이 띄우고 있다. 출처가 어디인지, 테러 현장이 맞는지조차 확인할 수 없다. 나와 국제부 야근자는 테러의 규모와 사상자 수를 체크하고, 부장과 국장에게 보고를 하고, 윤전기를 세운 다음 1면 기사를 재배치하고, 테러 기사를 넣고, 제목을 달고, 완성된 지면을 윤전실로 전송한다. 윤전실에서는 인쇄판을 교체하고 윤전기를 재가동해서 남은 부수만큼을 찍는다. 디지털 매체라면 몇 분 안에 처리할 수 있는 과정이지만 종이 신문에선 사정이 다르다. 윤전기를 세웠다면 순식간에 작업을 마친다 해도 30분 이상이 더 소요된다. 단계별로 시간이 지체되면 배달은 그만큼 더 늦어진다. 출근 시간에 독자의 현관문 앞에 신문이 없을 수도 있다. 그러면 사태는 심각해진다. 신문을 볼 때마다 구독할지 말지 고민하는 독자들이 있다. 그 고민의 끈은 구독료를 납부할 때 가장 팽팽해지고 배달 사고가 날 때 끊어진다. 한집, 그 옆집, 아파트 한 동, 그 단지, 어쩌면 도시 전체의 독자들이

* 신문 편집자의 컴퓨터엔 국내외 통신사의 사진들을 모니터링 할 수 있는 프로그램이 깔려 있다. 한 화면에 40장 정도의 작은 사진들이 실시간으로 뜨는데, 편집자는 화면을 넘겨가며 사진을 검색한다. 하루 기준으로 7천 장 내외의 사진이 올라온다.

사라질 수도 있다.

그래서 밤 뉴스는 시간과의 전쟁이다. 한밤 전쟁터의 한가운데에 있노라면 그 어렵다는 상대성 이론을 몸으로 이해하는 신비 체험을 하게 된다. 심박 수, 목소리 데시벨, 분당 타이핑 수, 계단 오르는 속도(사진부는 위층에 있다) 등 신문 제작과 관련된 모든 수치가 비현실적으로 빨라지는 걸 느낄 수 있다. 이렇게 초고속으로 진행되는 편집 상황에서 기사 전송이 늦어지면 시간 감각이 왜곡된다. 지면의 모든 요소를 완성해놓고 기사를 기다리고 있으면 영화 〈인터스텔라〉에 나오는 블랙홀 근처 행성*에 버려진 듯한 착각마저 든다. 여기서 1분이 늦으면 건물 바깥의 지구어선 1시간이 지나가버리지 않을까, 초조해지는 것이다.

야근을 끝내고 '지구'로 귀환하는 택시를 타도 마음이 편치 않다. 스마트폰 화면엔 뉴욕 테러의 후속 기사들이 경쟁하듯 떠오른다. 사망자 수가 50명이 아닌 100명으로 늘어났다. 기사 제목에 '50명 이상 사망'이라고 했는데, 너무 낮게 잡았다. 'IS 소행인 듯'

---

* 영화 속에서 '밀러Miller 행성'으로 지칭되는 이곳은 블랙홀의 영향으로 시간이 빨리 간다. 여기서 1시간이 지나면 지구에선 7년이 흐른다. 주인공들이 행성에 착륙허 단지 몇 시간 수색하고 왔는데 우주에서 기다린 동료는 23년이 늙어버렸다.

이란 부분도 위험하게 됐다. CNN 인터넷판이 「백인 우월주의자, 페이스북에 테러 예고」 기사를 올렸다. 'IS 소행일 가능성도' 정도로 빠져나갈 문을 열어놨어야 했는데. 이제 와서 후회해봐야 소용없다. 기사는 신문에 실렸고 신문은 트럭에 실렸다(택시를 돌려 배달 트럭을 뒤쫓는 로드 무비를 상상한 적도 있다).

　신문이 배달될 시간이면 정확한 사망자 수와 배후 조직이 확인되어 인터넷 기사로 나올 텐데, 스마트폰으로 실시간 뉴스를 검색하는 시대에 종이 신문의 속보가 무슨 의미가 있나. 퇴근길 무거운 몸으로 현관문을 열 때 즈음 한숨이 나온다. 하지만 잠깐 눈을 붙이고 일어난 아침, 배달된 신문을 가지러 다시 현관문을 열 때는 생각이 바뀐다. 거기엔 아날로그 종이 신문만이 줄 수 있는, '만져지는 뉴스'가 있다. 잉크 냄새가 있고, 종이의 감촉이 있다. 커피를 내리고 신문을 펼치는 여유가 있다. 펼쳐진 지면마다 기자와 편집자의 고민이 녹아 있고, 같은 쪽에서 또는 반대쪽에서 생각해볼 수 있는 공간이 있다. 그리고 마지막 페이지를 넘길 때의 충만감. 세상의 흐름을 짚고 있다는 지적 만족감이 있다. 독자들이 느끼는 그 만족감 속엔 편집국 야근자들이 고생해서 실은 밤 뉴스도 있을 것이다.

  편집국에 걸린 대형 전자시계가 새벽 1시 30분을 나타내고 있다. 뉴욕에서 테러는 일어나지 않았고, 신문의 밤은 무사했다. 나는 이스라엘 병사와 베네수엘라 청년과 시리아 정부군의 사진을 무시하고 컴퓨터의 시스템 종료 버튼을 눌렀다. 야근 초년병 시절엔 집에 가서도 쉽사리 잠을 이루지 못해서 걱정이었다. 컴퓨터는 몇 초 만에 꺼졌지만 두뇌의 부팅은 몇 시간 동안 꺼지지 않고 몸을 괴롭혔다. 익숙해지고 편해지면 기자는 펜을 놓아야 한다며, 선배들은 그 불면을 열정이라 불렀다. 10년이 지난 지금은 눕자마자 잠이 든다. 걱정이다.

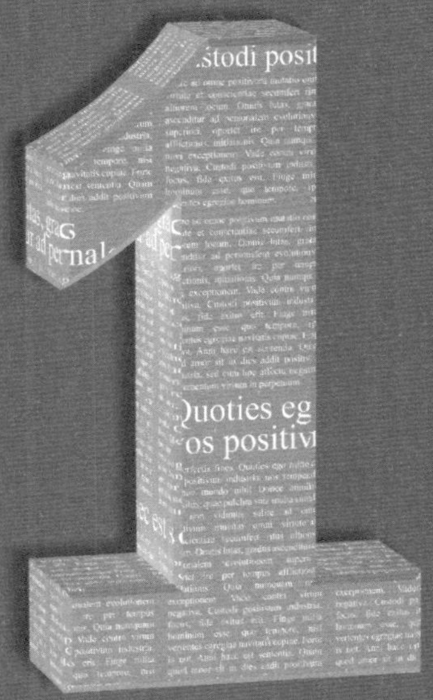

편집국 이야기

그 밤 누가 신문을 바꿨을까

朝鮮日報
chosun.com
탄도미사일 동해로 발사
北, 이란 국민들의 환호를
朝鮮日報
chosun.com
경복대학교
국가부채 1500兆 넘어 사상 최대
845兆가 공무원·군인연금 부담금
열차 타고 訪中
The New York Times
THE SHUTTLE EXPLODES
6 IN CREW AND HIGH-SCHOOL TEACHER
ARE KILLED 74 SECONDS AFTER LIFTOFF
Thousands Watch
A Rain of Debris
After the Shock, a Need to Share Grief and Loss
美 '문대통령 신
각장 227곳 더

1

아닌 밤중에 미사일

새벽 2시 30분, 택시 안

"오늘 바쁘셨겠네. 앞으로 어떻게 될 것 같아요?"

택시 뒷좌석에서 안전벨트를 매려는데 기사가 묻는다. 금테 안경을 쓴 택시 기사는 '나는 네가 오늘 밤에 한 일을 알고 있다'는 표정이다.

"네? 아, 네."

하긴 새벽 2시가 넘었다. 이 시각에 신문사 앞으로 콜을 한 손님이 술에 취하지 않았다면, 직업이야 뻔하지 않은가. 다른 날 같았으면 이런저런 정치 얘기로 허세를 좀 부렸겠지만 오늘은 달랐다. 피곤할 뿐이다. 별 반응이 없자 백미러로 힐끗 금테 안경이 쳐다본다. 초췌한 표정과 처진 어깨. '너의 기분 또한 알고 있다'는 듯 택시 기사는 말없이 속도를 높인다.

퇴근길 차창 밖으로 지나가는 불빛들을 보고 있으면 난데없는 것들이 생각나곤 한다. 긴박했던 야근 때문이었을까. 영화 〈페이퍼The Paper〉의 한 장면이 떠올랐다. 미국의 어느 신문사 편집국, 한밤에 경찰로부터 우연히 살인 사건의 진실을 듣게 된 기자(마이클 키튼 분)는 곧바로 윤전실로 달려간다. "흑인 소년들이 죽인 게 아니야. 이대로 신문이 나가선 안 돼!" "그 애들이 범인이라니까. 헤드라인은 절대 못 바꿔!" 인쇄 정지 버튼을 놓고 선배 기자와 난투극을 벌이는 장면은 윤전기의 진동이 느껴질 만큼 압권이었다. 마이클이 있는 힘껏 빨간 버튼을 누르던 순간 얼마나 짜릿했던지.

그 영화처럼은 아니었지만, 오늘 밤 나도 '빨간 버튼'을 눌렀다.

2시간 15분 전, 편집국

"무스 유스이데 그에? (무슨 뉴스인데 그래?)"

국제부 야근자가 허겁지겁 달려왔을 때 나는 야식으로 사온 김밥을 입안 가득 물고 있었다.

"방금 NHK에 1보가 떴는데요, 북한이 뭘 쐈답니다."

"이 밤에?"

12시 15분이었다. 확인해보니 NHK에 뜬 자막은 한 줄이었다.

'북한, 미사일 추정 비행체 발사 정보'

그뿐이었다. 추정이라니? 정보라니? 확실한 건 없었다.

"빨리 야간국장● 오라고 해."

편집부장에게 전화를 걸며 정치부 쪽을 쳐다봤지만 모두 퇴근한 후였다. 자정 이전에 나온 뉴스들은 이미 52판●● 신문에 반영됐고 윤전기는 인쇄를 시작했다. 편집부와 국제부, 사회부 야근자 한 명씩을 제외하고는 편집국에 남아 있을 이유가 없었다.

"그래? 다른 외신에 올라온 내용은 없고?" 방금 집에 도착한 편집부장은 와이셔츠의 마지막 단추를 풀다 말고 전화를 받았다. "응, 알았어. 그럼 좀 더 지켜보자고."

● 퇴근한 편집국장을 대신해 야간 편집국을 지휘하는 사람. 편집부. 정치부. 사회부를 제외한 각 부의 부장들이 돌아가며 맡는다. 편집부장. 정치부장. 사회부장은 왜 빼느냐고? 그들은 거의 매일 야근자에 준하는 일을 한다. 편집국도 인정사정은 봐준다.

●● 밤 11시 30분쯤 편집이 완성되는 신문. 전국 대부분의 지역에 배달된다. 편집국에선 이 시각부터가 실질적인 야근의 시작이다.

전화를 끊고 잠시 생각하던 부장은, 풀었던 단추를 하나둘 다시 채워 올리기 시작했다(부장의 집은 회사에서 멀지 않은 동네에 있다. 부동산에 관한 실패담을 많이 들었지만 이보다 나쁠 수가 있을까).

"내가 회사로 갈게. 근데 북한이 밤에 미사일을 쏜 적이 있었나?"

스마트폰으로 뉴스를 살펴본 부장이 전화를 걸어왔다.

"제가 알기로는 처음인 것 같습니다."

"탄도미사일인가?"

"아직 모릅니다."

"어디로 쐈지?"

"그것도 모릅니다. 아직은."

"정치부 국방 담당에겐 연락했나?"

"아, 잠깐만요."

옆에서 야간국장이 국방부 담당 기자와 통화하고 있었다. 들리는 내용으로는 아직 그쪽도 상황 파악이 되지 않은 모양이었다.

"야간국장이 전화했는데 지금 취재 중인 것 같습니다."

"음, 내가 편집국장에게 보고할 테니까 혹시라도 확인이 되면 바로 기계를 잡자고(윤전기를 세운다는 의미의 편집 용어)."

"네."

부장의 전화를 끊자마자 야간국장이 심각한 표정으로 다가왔다.

"어떻게 하는 게 좋겠어?"

"사실 확인만 되면 기계 잡아야죠."

행동 지침은 정해졌다. 혹시나 북한이 밤에 탄도미사일을 쏜 적이 있는지 과거 기사를 검색하려는데 모니터에 속보가 떴다. 〈연합뉴스〉가 올린 것이었고 역시 제목뿐, 기사는 없었다.

「합참 "북한, 28일 오후 11시 41분께 미사일 발사"」

12시 22분. NHK의 첫 보도 후 7분이 지난 시각이었다.

미사일 발사? 그뿐이야? 머릿속이 복잡해졌다. 이 순간에도 윤전기는 돌아가고 있다. 인쇄된 부수가 늘어난다는 건 새로 찍을 수 있는 부수가 그만큼 줄어든다는 의미다. 북한이 장거리 탄도미사일을 쏜 게 사실이라면 1면 톱기사를 바꿔야 한다. 하지만 어떤 미사일을 어디로 쏜 건지, 성공했는지 실패했는지조차 알 수 없었다.

미치겠네, 기계를 잡아야 하나

북한은 지난 7월 4일 미국 독립기념일에 맞춰 신형 장거리 탄도미사일 화성-14형을 발사했고, 그 후로 한 달이 지나지 않았다.

미국과의 긴장이 고조되고 있는 상황에서 또 한 발의 ICBM(대륙
간 탄도미사일)을 쐈다면 사태는 걷잡을 수 없게 된다. 우리 합참에
서도 '쏜 건 맞다'고 확인해주지 않았나. 그럼 일단 윤전기를 세워
야 하지 않을까. 그래, 세우자. 아니, 아니지. 만일 그랬다가 합참이
'일상적인 훈련 과정에서 쏜 단거리 미사일'이라고 발표한다면?
쏘자마자 폭발했을 수도 있지 않은가. 아니다. 안 된다.

신문사에서 가동 중인 윤전기를 세운다는 건 단순한 일이 아니
다. 인쇄가 멈춘 순간부터 윤전 기사와 수송 트럭, 지국의 직원, 배
달원까지 모두 대기 상태가 된다. 그냥 대기하는 게 아니다. 초조
하게 기다린다. 늦은 배달은 독자들의 불만으로 이어지고, 불만은
구독 중단으로 연결된다는 사실을 알기 때문이다. 그 초조함과 걱
정 사이에서 예상 못한 일이 발생할 수 있다. 수송 트럭이 과속하
다 사고가 날 수도 있고, 배달원이 건물 계단을 급하게 뛰어오르
다가 발을 헛디딜 수도 있다. 오래전 윤전실에서 근무했던 어느
직원은 신문 판갈이를 서두르다 윤전 기계에 손가락 하나를 잃었
다고 한다. 지금은 많은 부분 자동화가 이루어졌다고는 해도 윤전
기를 정지하는 행위에는 위험과 책임이 뒤따른다.

훈련용 미사일이나 발사 실패 뉴스로는 그런 위험을 감수할 수
없다. 하지만 이 밤에 일본 방송이 먼저 포착해 보도를 할 정도라

면, 작은 걸 쐈을 리가 없을 텐데. 촉은 오지만 팩트 확인이 안 된다. 고민하는 사이에 시간은 흐르고 윤전기는 계속 돌아간다. 어쩌나. 아, 나도 돌아버리겠다.

윤전기를 세워라

'합참 속보'로 인한 고민은 다행히 3분을 넘기지 않았다. 12시 25분, 모니터에 좀 더 구체적인 내용을 담은 속보 세 개가 거의 동시에 올라왔다.

「합참 "북한, 자강도서 동해상으로 미사일 1발 발사"」
「NHK "일본 배타적경제수역내 낙하 가능성"」
「문대통령 오전 1시 NSC 긴급회의 소집」

"자강도? 지난번에는 어디서 쐈죠?" 야간국장에게 세 가지 뉴스를 전하며 물었다.

"그땐 평안북도에서 쐈습니다." 옆에서 듣고 있던 국제부 야근자가 재빨리 기사를 검색하더니 대답했다.

북한이 24일 전에 쏜 ICBM급 미사일은 평안북도 구성에서 쐈다.

(1) 자강도는 평안북도 바로 옆이다.

(2) 거기서 일본 EEZ(배타적 경제수역)까지 갔다면, 이것 또한 지난번에 쏜 것과 동급이거나 그 이상이라는 얘기다.

(3) 대통령이 이 새벽에 NSC를 긴급 소집했다는 사실이 이를 뒷받침한다.

"기계를 잡아야 할 것 같습니다."

"그래도 더 확인해봐야 되는 것 아냐?"

야간국장은 편집국장에게 전화를 했고 편집국장은 1면 편집자의 의견을 물어왔다. 나 참, 지금 상황을 설명하는 시간도 아깝다, 빨리 윤전기를 세우고 1면 톱기사를 바꾸고 한 부라도 더 찍어야 한다, 그러니 그냥 오케이 사인이나 내달라, 는 의견을 최대한 공손하게 전했다.

"오케이!"

국장과의 통화가 끊어지기도 전에 내 손은 윤전관리실의 내선번호를 누르고 있었다.

"기계 잡아주세요. 급합니다."

'끼기기기긱~' 하며 윤전기가 멈춰 서는 소리가 들리는 듯했다(과장된 표현이다. 이후에 알게 된 바로는 급브레이크 밟듯 윤전기를 세울 수는 없다. 기계에 무리가 가지 않게 천천히 세운다).

12시 30분을 가리키는 편집국 시계 아래로 편집부장이 다시 사무실로 들어오는 모습이 보였다. 이제부터 중요한 건, 그야말로 스피드. 취재기자에게 기사를 독촉하고, 1면 레이아웃을 바꾸고, 디자인팀에 지도 그래픽을 부탁했다. 그러는 사이에 또 하나의 속보가 떴다.

「미국 국방부 "북한 탄도미사일 발사 확인"」

그럼 그렇지. 이젠 ICBM급인지 아닌지만 남았는데 윤전기를 세운 이상 속보를 기다릴 여유가 없다. 기사가 출고되자마자 지면을 강판降版●할 수 있도록 제목은 완성돼 있어야 했다. 밤 뉴스이니 스트레이트●●로 간다.

「北, 한밤에 동해로 탄도미사일 발사」

헤드라인을 바꾸고 얼마 지나지 않아 국방 담당 기자가 1면 기사를 출고했다. 지금껏 나온 내용 이상의 것은 없었다. 기사를 지면에 앉히고 교열을 본 후 강판. 새벽 1시가 되기 전에 모든 상황이 끝났다. 다행히 그 사이에 속보는 없었다. 이제부터는 그 어떤

● 편집이 완성된 지면의 데이터를 인쇄 공장으로 전송하는 행위. 판을 내린다는 뜻이다.
●● 사실 전달을 목적으로 쓴 기사를 스트레이트Straight 기사라고 하는데, 편집에서도 사실 중심의 직설적인 제목을 스트레이트 제목이라 부른다.

朝鮮日報

오락가락 공론화委··· 갈팡질팡 '사드 배치'

"찬반 결론 내지 않겠다" 했던 공론화위원장
"결론 전달하는 게 임무" 하루만에 입장 바꿔

文대통령, 6월 美엔 "배치 늦어질 걱정말라"
일반 환경영향평가 하기로··· 연내 배치 무산

경찰청장 찾아간 검찰총장

文대통령 "사회적 기업 지원하는 법안 적극 추진"

'北 원유수입 봉쇄' 美 속전속결 처리

北·러·이란 제재 패키지 법안
하원 통과 이틀만에 상원 통과

Why? Tech&BIZ 이번주 없습니다

4차 산업혁명 대국 이스라엘
스타트업 7000개   A8

코끼리·문어도 '생각'을 한다
books   A14·15

2017년 7월 29일자 〈조선일보〉 52판 1면

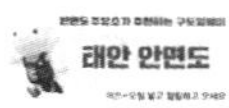

北, 한밤에 탄도미사일 동해로 발사

2017년 7월 29일자 〈조선일보〉 53판 1면

톱기사였던 '사드 배치' 기사가 아래쪽으로 밀려나고,
53판엔 '한밤 탄도미사일'이 헤드라인을 장식했다.

뉴스가 나온다 해도 다시 지면을 바꾸거나 기계를 세울 수 없다. 이 모든 게 오보였다는 속보만 빼고.

재가동된 윤전기가 최고 속도에 도달했을 즈음 새 뉴스가 올라왔다.

「NHK "고도 3000킬로 넘었을 가능성 … 45분 비행"」(01시 10분)

인쇄가 7부 능선을 넘어갈 즈음엔 우리 군의 발표가 나왔다.

「합참 "진전된 ICBM급 추정"」(01시 40분)

예감은 틀리지 않았다(이날 북한이 쏜 미사일은 미국 본토를 타격할 수 있음을 증명한 '게임 체인저'가 되었고, 이후 트럼프 대통령이 북한에 대한 군사 공격 가능성을 언급하면서 한반도를 둘러싼 긴장은 최고조로 치닫게 되었다).

2시쯤 전화벨이 울렸다. 오늘의 야근이 무사히 끝났음을 알리는 전화였다.

"윤전인데요. 종쇄(인쇄 종료)됐습니다. 53판으로 모두 44만 부 찍었습니다."

다시 택시 안

휴대폰에 속보를 알리는 팝업 메시지가 뜬다.

「미국 국방부 "ICBM급 확인"」(02시 40분)

1면 헤드라인에 'ICBM'이란 키워드는 넣지 못했다. 신문이 배달될 아침이면 모든 방송과 인터넷 매체가 북한의 ICBM 발사 소식을 전할 것이다. 미국 국방부가 조금만 일찍 확인해줬더라면 지면에 반영했을 텐데. 안타까워도 어쩔 수 없다. 이미 끝난 일로 아쉬워하고 후회하는 건 어리석은 일이다. 제작이 완료되면 탁 털어버릴 수 있다는 게 신문 편집의 장점 아닌가. 한밤에 썼다는데 아침 신문에 났네, 하고 놀라는 독자가 44만 명 중에 한 명이라도 있다면 그걸로 만족한다.

근데 톱 제목에 '동해로'라는 단어는 쓸데없이 왜 넣었을까. 택시에서 내리면서 생각한다. '기습 발사'란 표현이 들어갔어야 했는데. 현관문을 열면서 되뇐다. 당연히 동해로 썼겠지. 샤워하는 내내 아쉬워한다. '기습'을 놓치다니. 서해로 썼을 리가 없잖아, 잠자리에 누워서도 후회한다. 참 어리석다.

〈조선일보〉는 하루에 4~5차례 판版을 바꾼다. 첫 지면은 오후 6시쯤 완성되는데 인쇄는 하지 않고 온라인에서 PDF 파일로 서비스한다. 내일 신문에 어떤 기사가 나가는지 미리 확인하고자 하는 기업이나 관공서에서 주로 구독한다. 편집국에선 이 지면을 편의상 50판이라 부르고 이후에 판이 바뀔 때마다 51, 52, 53, 54라는 숫자를 붙인다. 앞자리 5라는 숫자는 의미 없이 편의상 붙인 것이다. 뒤의 1, 2, 3, 4가 순서를 나타낸다. 윤전기로 찍어내는 종이 신문은 51판부터다. 밤 9시 30분(정해진 마감 시각은 9시 15분이지만 항상 15분 정도 늦는다)에 완성되며 인쇄 공장에서 거리가 먼 지역부터 배달된다. 이후 11시 30분에 좀 더 완성된 신문인 52판이 나온다. 전국 주요 지역에 배달되기 때문에 52판을 '본판'이라 부른다. 밤에 열린 스포츠 경기의 결과가 아침 신문에 실리지 않았다면 경기가 11시 30분 이후까지 이어졌다고 보면 된다.

53판부터가 야근 판이다. 시간이 정해진 건 아니고 수정하거나 추가할 뉴스가 있을 경우에 판을 바꾼다. 배달할 신문의 양(〈조선일보〉의 유료 부수는 2017년 기준으로 124만 부다)은 정해져 있기에 53판을 빨리 마감할수록 52판 부수는 줄고 남은 만큼이 53판으로 찍히게 된다. 53판 이후에 긴급 뉴스가 발생하면 다시 윤전기를 세우고 54판으로 찍기도 한다.

독자 입장에서 자신이 보는 신문이 몇 판인지 어떻게 알 수 있을까. 광고 아래로 지면의 맨 하단(홀수 지면은 오른쪽, 짝수 지면은 왼쪽)을 보면 보일락 말락 한 크기로 숫자가 적혀 있다. 확인해보시길.

2

우병우 팔짱 사진을
키워라

　　오늘 아침도 당신은 알람 소리에 잠을 깬다. 반
쯤 감긴 눈으로 냉장고를 열고 시원한 물을 한 잔 마신다. 아, 살
것 같다. 어젯밤 술자리에 대한 후회도 잠시, 습관대로 현관문을
열고 배달된 신문을 집어 든다. 돌아와 소파에 앉은 당신은 신문
1면을 대충 훑고는 페이지를 넘겨 2면과 3면을 본다. 여기서 잠
깐. 바로 전 장면, 그러니까 1면을 보던 순간으로 돌아가자. 신문
지면에서 당신이 가장 먼저 본 부분은 어디일까? 당연히 헤드라
인이겠지, 당신은 말할 테지만, 아니다. 슬로 모션으로 되돌려보
자. 보이는가, 헤드라인을 향하기 전에 눈동자가 잠시 머문 곳. 사

진이다.

인간의 이성적 의지는 동물적 감각을 이길 수 없다. 신문을 볼 때도 마찬가지다. 깜짝 놀랄 특종이 실리지 않는 한 첫인상을 결정하는 건 사진이다. 신문은 기사지, 라며 사진이 주는 임팩트를 과소평가하는 취재기자들(시리즈 기사 기획 회의에서도 사진은 맨 마지막에 다뤄지거나 아예 언급조차 없는 경우가 많다)과 달리, 편집자들은 매일 그 날의 사진을 찾아 온 세상을 헤맨다.

1면용 사진을 찾습니다

종합 일간지의 1면은 스포츠면이나 경제면처럼 주제가 고정되지 않아서 실을 수 있는 사진의 스펙트럼 또한 방대하다. 선택지가 넓어서 좋을 것 같다고? 간혹 그럴 때도 있지만 보통은 그 반대다. 선택의 폭은 고스란히 고민의 두께가 된다. 1면에 실을 사진은 1면에 실릴 만큼의 가치가 있어야 하기 때문이다. 중요한 뉴스를 담고 있거나, 몹시 놀랍거나, 매우 새롭거나, 정말 시의적절하거나, 굉장한 스토리가 담겨야 한다.

도로에 불법 주차된 차량들을 찍은 사진이 있다고 하자. 대한민국 어느 동네에서나 볼 수 있는 이 사진을 1면에 실을 수는 없다. 하지만 이틀 전에 큰 화재가 났는데 소방차가 불법 주차된 차들 때문에 이 도로를 지나가지 못했다면, 그래서 수십 명이 희생되는 대형 참사로 이어졌다면 이 사진은 안전 불감증에 경종을 울릴 훌륭한 1면 사진이 된다.

1면을 맡고 허둥대던 시절, 뒤쪽 지면에 게재된 사진 한 장에 통탄한 적이 있다. 당시 오피니언 지면의 '독자 사진' 코너에 실린 사진이었다. 독자들이 보내온 사진을 선별해서 조그맣게 실어주는 코너였는데, 대부분 개인적인 일상을 담은 것들이라 별 의미를 두지 않았다. 판별로 인쇄된 신문이 내 앞에 놓였지만 그날은 그 코너에 어떤 사진이 실렸는지 확인하지도 않았다. 바퀴에 깔린 채 울고 있는 여자아이를 구하려고 승객들이 대형 버스를 들어 올리는 사진이었는데도 말이다. 왜 미처 보지 못했는지, 좋은 1면 사진 감을 놓친 걸 두고두고 후회했다.

다음 날 후회할 일이 없도록, 1면 편집자는 매일 수백 장에서 많게는 수천 장의 내외신 사진을 검색한다. 그런데 어떤 날은 몇 시간을 뒤져도 쓸 만한 사진 한 장이 안 나온다. 컴퓨터 모니터에 떠 있는 사진들을 뚫어져라 쳐다보며 전 세계를 훑어도 '이거다' 싶은 장면이 없는 거다. 북한의 〈노동신문〉이 부러워지는(요즘은 〈

노동신문〉도 종종 1면에 사진을 쓴다) 그런 날, 사진부가 기가 막힌 단독 사진을 들고 온다면? 오, 신이시여!

질문하는 기자를 쏘아본 죄

2016년 11월 7일은 적어도 1면 편집자에게만큼은 행복한 날이었다. 사진 걱정을 하지 않아도 됐으니 말이다. 그날은 당시 직권남용 혐의 등으로 수사를 받아오던 우병우 전 청와대 민정수석이 피의자 신분으로 검찰에 출두하는 날이었다. 온 국민의 관심이 쏠린 사안이었기에 그가 포토라인에 서 있는 장면만으로도 1면용으로 손색이 없었다. 그런데 우 전 수석 스스로 여기에 알파를 더했다. "가족회사의 자금을 유용했습니까?"라고 묻는 방송사 기자를 쏘아본 것이다. 우 전 수석은 질문을 듣고는 어이없다는 듯 눈동자를 크게 한 번 굴리더니 곧바로 강렬한 레이저 눈빛을 발사했다. 전국에 생중계되는 카메라 앞에서였다.

"야, 저 장면. 저거 찍었겠지? 사진 확인해봐."

방송을 지켜보던 선배가 말했다. 연신 셔터를 눌러대던 사진기자들이 그 순간을 놓칠 리 없었다. 얼마 지나지 않아 사진 모니터엔 뉴스에 스토리까지 담긴 '오늘의 사진'이 전송됐다. 내일 아침의 1면 사진이 정해지는 순간이었다.

사진 고민이 해결되었다고 해도, 이런 경우 신문 입장에서 '베스트'라고 할 수는 없다. 오전에 벌어진 사건이라 방송에서 종일 같은 영상을 내보낼 것이고, 다른 신문사도 같은 사진을 실을 것이다. 1면이 차별화 되지 않는다는 문제가 발생한다. 하지만 인상적이지 않은 차별화보다는 차별화 되지 않은 강렬함이 낫다. 남다른 무엇은 제목으로 보여주면 될 일이다. 그렇게 위안을 삼았다.

우병우의 레이저 눈빛 사진은 51판 1면에 4단● 크기로 실렸고, 사진 아래엔 「'국민 분노' 쏘아본 우병우」라는 제목이 달렸다.

서초동 스나이퍼

편집부 기자들이 우병우의 눈빛을 화제 삼아 저녁을 먹고 있을 시각, 큼지막한 가방을 둘러맨 청년 하나가 서초동 검찰청사 맞

● 기사의 열을 차지하는 가로 공간. 〈조선일보〉의 1단은 5.6㎝ 크기로, 신문 전체는 가로 6단으로 구성된다.

은편의 빌딩 계단을 오르고 있었다. 마지막 계단. 청년은 가쁜 숨을 가다듬었다. 옥상의 출입문은 잠겨 있지 않았다. 다행이다. 문을 열자 영하의 바람이 들이닥쳤다. 차가운 어둠. 그는 캄캄한 바닥에 가방을 내려놓고 묵직한 물건들을 하나둘 꺼냈다. '철컥, 철컥' 장비를 조립하고, '탁, 탁' 흔들리지 않게 삼각대에 고정한 다음, '티리리릭' 조심스레 조준경의 초점을 맞췄다. 휴우-. 하얀 입김이 길게 뿜어져 나왔다. 검찰청사까지는 어림잡아 300미터, 표적은 11층의 조사실에 있을 것이다.

10분, 20분, 30분…. 잘 보이지도 않는 건물 외벽을 하염없이 바라만 보고 있던 그때, 창 안쪽에서 무언가 움직였다. 찰칵. 사무실 불빛이 비쳐 나오는 그곳에 누군가 있다. 찰칵, 찰칵. 표적인가? 또 움직인다. 찰칵.

물체가 잠시 사라진 사이 모니터 화면으로 눈을 돌려 결과물을 확인했다. 잘 모르겠는데. 화면을 최대한 확대해본다.

눈은 다시 렌즈로 돌아왔다. 찰칵, 찰칵, 찰칵. 표적을 바라보는 눈매가 더 매서워졌고 손놀림은 빨라졌다. 여전히 하얀 입김을 뿜어내는 그의 입꼬리가 살짝 올라갔다.

사진부가 단독 사진을 들고 왔다

밤 10시 30분. 52판 강판까지는 1시간의 여유가 있었고, 제대로 된 1면 사진이 자리 잡고 있었기에 지면 편집은 순조로웠다. 새로 들어온 사진은 없는지 모니터를 체크하고 검찰 쪽에서 나온 뉴스가 있는지도 검색했다. 방송과 인터넷에선 여전히 '우병우의 레이저'가 인기였다. 비난 일색의 댓글을 공감순으로 훑어보고 있는데 전화가 울렸다.

"네. 오늘 제가 1면인데요. 네? 확실해요? 사진부터 봐야겠는데요. 제가 올라갈까요? 네."

사진부 야근을 맡은 선배였다. 조사 받는 우병우 사진을 찍었다고? 검찰 조사실을 어떻게 찍었다는 거지? 궁금증도 잠시, 어떤 사진인지 일단 봐야 했다. 선배가 사진을 갖고 내려오기로 했다.

"이 사진들인데, 한번 봐봐."

A4 용지에 컬러로 인쇄된 사진 3장이 책상 위어 펼쳐졌다. 원본과 확대된 사진, 그리고 조금 다른 장면을 찍은 사진이었다. 사진의 상태는 좋지 않았다.

"우병우 맞네요. 밤에 망원(렌즈)으로 찍어서 선명하진 않은데… 뭐야, 이거 팔짱 낀 거 맞죠? 표정이… 웃고 있네?"

조사실 안에는 검찰 직원으로 보이는 두 사람이 공손한 자세로 서 있고 맞은편 책상에 걸터앉은 우병우 전 수석이 팔짱을 낀 채 웃고 있었다.

"제대로 걸렸지?"

"이거, 대박입니다. 1면 바꿔야겠는데요."

그날은 일요일이었다. 편집부장이 모처럼 쉬는 날이어서 종합면 팀장과 상의한 후 편집국장에게 보고했다. "좋아. 바꿔." 1면 사진을 교체하라는 지시가 떨어졌다.

사진부 후배가 어렵게 찍어온 사진이었다. 특종 사진을 받아 든 편집자의 역할은 오직 하나, 지면에서 사진 효과를 극대화하는 것이다. 필요하다면 기사도 제목도 기꺼이 희생시켜야 한다. 이날 1면 편집자가 '우병우 팔짱 사진'을 강조하기 위해 지면에 실행한 조치는 세 가지였다.

첫째, 어둡고 거친 원본 사진에서 표정을 최대한 살렸다. 어둠 속에서 망원렌즈로 찍은 원본 사진은 건물 속 세 사람을 겨우 구분할 정도였다. 신문 인쇄용 사진은 디지털 매체에서 쓰는 사진보다 용량이 크고 화질도 좋아야 한다. 거친 사진을 무작정 확대했다가는 막상 인쇄돼 나왔을 때 화상이 망가지게 된다.

"얼마나 확대할 수 있죠? 세 사람이 화면에 꽉 찼으면 좋겠는데. 웃는 표정도 잘 살려야 되고요."

디지털 사진을 아날로그 신문에 맞게 바꾸는 작업은 사진부가 아닌 화상부가 담당한다. 전화를 받은 화상부 야근자는 전송된 사진을 체크하더니 망설였다.

"용량이 커서 확대는 가능한데… 윤곽이 많이 뭉개지겠는데…."

"그래도 최대한으로 부탁 드릴게요."

"일단 작업해서 보내볼게요."

이것이 화상부와의 첫 통화였다. 이후,

(2) "조금 더 밝게는 안 될까요?"

(3) "방금 작업한 사이즈에서 20퍼센트 더 확대해주세요."

(4) "우병우 안경이 잘 안 보여요."

(5) "얼굴선을 더 살려주시죠."

(6) "조금만 더 선명했으면 좋겠어요."

모두 여섯 번의 통화와 다섯 번의 재수정을 거쳤다(이날 화상부의 야근자 또한 완벽을 추구하는 분이었다. 화 한번 내지 않았다).

둘째, 사진을 사실상의 1면 톱으로 올렸다. 51판의 4단 톱기사는 야당이 박근혜 대통령의 탄핵을 언급했다는, 정치적으로 중요한 내용이었다. 하지만 그건 이미 인터넷과 방송에 보도된 뉴스였던 반면 사진은 우리 단독이었다. 내일 아침 어느 쪽이 화제가 되겠는가. 기사를 희생시키자. 톱기사를 2단으로 줄여 왼쪽으로 밀어붙이고 사진을 오른쪽 4단 톱으로 올렸다. 바뀐 레이아웃을 본 편집국장은 잠시 망설이더니 말했다. "그래도 사진이 더 인상적이지? 그래, 이렇게 가보자."

셋째, 검찰 수사 기사의 제목을 사진에서 뽑았다. 기사엔 그날 오전에 있었던 '우병우의 레이저'는 묘사됐지만 조사실 상황에 대한 언급은 없었다. 보통의 제목은 기사의 내용에서 뽑지만 이날은 달랐다. 사진이 기사를 압도했기 때문이었다. 그래, 제목도 짧고 강렬하게 가자.

「팔짱 우병우」

처음엔 그렇게 달았다. 그런데 지면에 넣고 보니 너무 튄다는 느낌이 있었다. 사진도 강하고 제목도 강하면 서로 부딪친다. 양쪽 모두 효과가 반감한다. 너무 가벼워 보인다는 충고도 있었다. 제목의 톤을 조금 낮춰야 했다.

「팔짱낀채 웃으며 조사받는 우병우」

사진 내용을 설명하는 방식으로 제목을 바꾸고 크기도 줄였다. 그날은 그렇게, 기사도 제목도 사진을 위해 희생했다.

편집자는 지면 뒤에서 웃는다

"아예 톱기사 자리에 사진을 넣지 그랬어." "제목이 좀 밋밋하지 않나?" "좀 더 임팩트를 줘도 됐을 텐데…." 다음 날, 예상했던 대로 〈조선일보〉의 1면 사진은 화제가 되었고, 박수를 치면서도 몇몇 선배들은 편집의 아쉬움을 지적했다. 모두 맞는 말이다. 하지만 지금에 와서 누가 묻는다면, 나는 그 지면이 정답은 아닐지라도 최선이었다고 답하고 싶다. 기사가 그렇듯 사진의 편집에도 적정한 선이 있다. 그 선을 넘어서면 편집자의 의도가 지나치게 부각되고, 과장한 듯 보이고, 사진의 신뢰를 훼손할 수 있다. 그날은 그 경계를 넘지 않았다고 생각한다.

지면의 결과가 좋으면 종일 식은땀을 흘렸더라도 편집자는 즐겁다. 특종 사진이 실린 지면 뒤에서 아무도 모르게 웃고 있을 세상의 모든 편집자에게 조용하지만 격렬하게, 마음의 박수를 보낸다.

2016년 11월 7일자 〈조선일보〉 51판 1면

51판의 우병우 눈빛 사진이 52판에서 팔짱 사진으로 바뀌었다. 우병우 전 수석은 이후 최순실 게이트 청문회에서 '쏘아본 게 아니라 여기자가 갑자기 크게 질문해 놀라서 아래로 내려다본 것'이라 했고, 검찰청 사진은 '추워서 팔짱을 낀 것'이라 해명했다.

朝鮮日報

chosun.com

1920년 3월 5일 창간　안내 (02)724-5114　구독·배달 080-900-0077

2016년 11월 7일 월요일

거리民心 본 野
"루비콘강 갈 것"

'2선 후퇴' 넘어 '탄핵' 언급
黨차원 정권퇴진운동 준비
더민주 12일 장외투쟁 합류
"민심외면땐 제2의 6월 항쟁"

팔짱낀채 웃으며 조사받는 우병우

수사 75일만에 검찰 출두… 포토라인서 고개 들고 시종 '뻣뻣'
수사팀장실 茶대접 받고, 휴식중엔 담소… '황제 소환' 현실로

청와대, 총리지명 철회 거부
"오늘 與野에 대표회담 요청"

野, 한광옥 실장 면담요청 거부
與 "대통령이 국회 와서 설득을"

환경좋다는 제주·강원
비만 환자는 가장 많아

전국 '비만 지도' 공개

발행연수　A36·B12·D4

단풍구경 가던 관광버스 전복
4명 사망, 8명 중상　A12면

2016년 11월 7일자 〈조선일보〉 52판 1면

3

김정은인가, 김여정인가

2018년 3월 25일 중국 단둥역 인근 식당가. 점심을 먹고 나온 한 무리의 사람들이 전봇대 아래에 모여 담배를 피워 물었다.

"참, 근데 자네들 그거 봤나? 역에 말이야, 전에 못 보던 장막 같은 게 생겼던데."

"응, 나도 봤어. 며칠 전부터 계속 있던데, 북한 쪽에서 오는 기차가 안 보이게 가려놨더라고."

"뭔가 이상해. 역 주변에 공안들도 엄청 늘었어."

"오전에 출근하다가 봤는데, 가림막 같은 걸 쫙 폈다가 다시 접

었다가 하면서 훈련 같은 걸 하더라고. 기차 들어오는 데 있잖아,
거기서."

"소문 못 들었어? 북한에서 높은 사람이 온다던데."

"정말? 김정은이 온다는 말이야?"

"에이, 설마. 지금은 상황이 안 좋잖아. 김정은 말야, 얼마 전에
시진핑 주석님께서 보낸 특사도 안 만나줬잖아. 연신 중국 탓만
해댔는데. 아닐 거야."

"그럼 다른 높은 사람이 오나 보지. 안 그러면 공안들이 저렇게
까지 하겠어?"

"아냐, 예전에도 저런 걸 본 기억이 있어. 내가 결혼하던 해였으
니까… 7년 전이네. 그때 누가 왔는 줄 알아? 김정일이었어."

"그래? 좋아. 그럼 내기할까? 난 '김정은이 온다'에 건다. 자네
들도 어서 걸어. 확인되는 날 진 팀이 술 사기야. 자, 어서들 걸어
보라구."

미세먼지와 함께 날아온 뉴스

중국 단둥역에 대형 가림막이 설치됐다는 소식은 26일 오후

가 되어서야 한국에 알려졌다. 북한 전문 인터넷 매체인 〈데일리NK〉가 가장 빨랐다. 〈데일리NK〉는 일주일 전쯤 가림막이 세워졌고 25일 밤부터 단둥역이 통제됐으며, 북한의 특급열차로 보이는 기차가 지나갔다는 소식통의 말을 전했다. 보도는 순식간에 번졌다. 일부 인터넷 매체들은 이미 보도된 기사 내용의 일부를 몇 차례 반복한 후 '아직 확인되지는 않았다'는 문장을 추가하는 방식으로 뉴스를 퍼 날랐다. 첫 보도가 나왔을 때만 해도 〈조선일보〉 편집국은 동요하지 않았다. 관련 부서에서 곧바로 확인에 들어갔고, 취재 결과 아직은 설說에 불과하다는 결론을 내렸기 때문이었다.

이날 1면으로 준비한 톱 메뉴는 미세먼지 기획 시리즈였다. 사회정책부에서 작성한 기획안을 토대로 오후에 따로 편집회의가 열렸다. 시리즈 전체의 문패 제목을 무엇으로 할지, 10여 개의 최종 후보를 놓고 고민이 이어졌다. 이거다 싶은 것이 없어 모두들 답답해 하던 차에 편집부장이 혼잣말처럼 '마음껏 숨 좀 쉬자'고 했다. 순간 회의실이 조용해졌다. 시리즈의 간판은 「마음껏 숨 쉬고 싶다」로 정해졌다.

시작하는 1편은 단독 기사, 중국이 한국과 마주보는 자신들의 동부 해안에 쓰레기 소각장 수백 곳을 추가로 건설한다는 내용이었다. 시리즈 기사는 첫 회가 가장 중요한 법이다. 첫날에 이슈가 되지 못하면 2편, 3편, 후속 기사를 내봐야 맥이 빠진다. 취재부 쪽에서는 오늘 1편엔 이것, 내일 2편엔 저것, 그 다음 3편엔 요것, 하는 식으로 기사와 사진 및 그래픽을 미리 배분해놓지만, 편집부의 생각은 달랐다. 신문 지면에 내일은 없다, 읽히겠다 싶은 건 오늘 모두 때려 넣자, 하는 식이다.

기사는 물론이고 사진과 그래픽까지 인상적인 건 첫날에 모조리 빼서 쓴다. 그러면 취재부에서 펄쩍 뛴다. 정말로 편집부로 펄쩍 뛰어와서는, 그러면 다음 편에 구멍이 난다, 뭘로 메우란 말이냐, 항의한다. 하지만 지금껏 한 번도 그 '구멍'이란 걸 본 적이 없다. 때로는 더 좋은 기사와 그래픽으로 메워져 있다. 그럼 그걸 또 빼 온다.

기획 기사의 경우 1면에 스트레이트 기사를 쓰고 대형 그래픽은 3면이나 4~5면의 해설 기사에 붙이는 것이 일반적이다. 그러나 이날은 1면부터 대형 그래픽을 '때려 넣기로' 했다. 한국만 유독 붉게 보이는 미세먼지 농도 세계지도 그래픽이 1면 메인 사진 자리를 예약했다. 중국에서 날아온 미세먼지 때문에 한국이 이토록 빨갛게 오염됐는데, 우리 쪽에 쓰레기 소각장을 더 짓는다니. 충격적인 뉴스가 될 것이었다.

오후 6시 30분 PDF판(50판)을 마감할 때까지 '미세먼지 1면 톱'은 굳건했다. 베이징에서 날아온 또 다른 뉴스가 미세먼지를 밀어낼 줄은, 편집국의 시야를 미세먼지보다 뿌옇게 가릴 줄은 아무도 예상하지 못했다.

베이징에 간 거물은 누구인가

"선배, 이 사진 봤어요?"

구내식당에서 저녁을 먹고 들어와 자리에 앉으려는데 옆자리의 후배가 물었다. 눈은 컴퓨터 모니터를 향한 채였다.

"베이징에서 찍혔다는 녹색 기차 말하는 거야? 그게 확인됐대?"

오후 늦게 인터넷 매체 여러 곳에서 올린 사진이 있었다. 웨이보(중국판 트위터)에서 퍼온 것이었는데, 핸드폰으로 촬영되었고 북한의 특급열차로 추정되는 기차가 베이징역 부근에서 목격되었다는 설명이 붙어 있었다.

"아뇨. 그 사진이 아니라 베이징 도로 사진요. 한번 보세요." 후배는 모니터를 내가 앉은 방향으로 돌렸다.

좌우 10차선 도로를 건물에서 내려다보며 찍은 사진이었다. 검은색 리무진 승용차 한 대가 경찰 싸이카 수십 대의 호위를 받으며 질주하고 있었다.

"한쪽 차선을 아예 다 막았네."

"연속 사진으로 보이는 것들도 올라왔는데요. 그 차 뒤로도 검은색 중형차들이 줄줄이 달리고 있어요. 이 정도면 엄청 고위급 아니에요?"

대형 가림막에, 특급열차에, 베이징 대로 한쪽을 다 막았다?

"그 사진들 인쇄 좀 해봐." 편집회의를 한 번 더 해야 할 상황이었다.

북한의 거물급이 베이징에 들어갔다는 건 확실해 보였다. 다만 누구인지 모르는 상황에서 이 뉴스를 어느 정도로 취급해야 하느냐가 문제였다. 편집회의를 하는 동안에도 인터넷 속보가 계속 올라왔다. 일본 니폰TV의 계열 매체인 〈NNN(니폰뉴스네트워크)〉은 베이징에 북한의 특별열차가 도착했다는 뉴스와 함께 열차를 찍은 단독 영상을 공개했고, 중국 인민대회당 주변 100미터가 통제됐다는 소식도 들어왔다. 우리 취재망에도 특급열차가 베이징에 들어간 사실이 확인됐다. 하지만 누가 갔는지는 여전히 미궁이었다. 중국 당국은 확인해주지 않았고 우리 정부도 모른다고만 했다.

"상황이 심상치 않은 것 같다. 일단 1면 톱을 바꿔놓고, 계속 취재를 해보자."

편집국장의 판단에 따라 '미세먼지'는 톱 자리를 내주고 아래쪽으로 내려갔다. 51판 마감 시간이 20분도 채 남지 않은 상황이었다.

「북한 최고위급, 열차 타고 방중」

우선은 확인된 사실만으로 헤드라인을 만들었다. 부제副題 역시 팩트만을 뽑아 적었다.

「김정은 방중설 돌아… 중국 인민대회당 주변 통제

"김정일이 타던 특별열차 왔지만 누가 탔는지는 몰라"」

1면 사진도 바꿔야 했지만 베이징 도로 사진은 확인 작업이 필요했다. 중국 웨이보에 올라온 내용을 곧이곧대로 믿을 수는 없었다. 덕분에 오후 내내 공을 들였던 미세먼지 세계지도 그래픽은 1면에 살아남았다.

'김정은이다' 4가지 정황 vs '아니다' 4가지 추론

김정은이냐, 아니냐. 52판 마감을 앞두고도 중국과 한국 정부는 아무 말이 없었다. 외신들도 추측성 보도만을 쏟아냈다. 하지만 그때까지 나온 정황증거로 보면 열차에 탄 인물은 김정은이 확실해 보였다.

(1) 김정일이 탔던 특급열차가 동원됐다. 북한에서 그 열차를 움직여 중국에 갈 수 있는 사람이 누구겠는가.

(2) 단둥역과 베이징역에 가림막이 세워졌다. 다른 고위급 간부가 갔다면 왜 굳이 얼굴을 못 보게 했을까.

(3) 중국은 베이징을 가로지르는 10차선 대로의 한쪽을 다 막고 싸이카와 차량 수십 대를 동원해 호위했다. 시진핑習近平급 경호를 했다는 말이다.

(4) 인민대회당 주변 100미터를 통제했다. 중국 최대의 정치 행사인 양회兩會 때나 볼 수 있는 장면이다. 정상회담이 아니고서야 이렇게까지 하겠나.

상식적으로 생각하면 김정은이 방중한 것으로 보는 게 맞다. 하지만 북한 전문가나 외교 소식통들의 분석을 들여다보면 '아니다' 쪽에도 고개가 끄덕여졌다.

(1) 김정은은 2011년 집권 이후 지금까지 한 차례도 해외에 나간 적이 없다. 평양을 오래 비워둘 수 있을 만큼 체제가 안정적이지 않다는 방증이다.

(2) 중국이 국제사회의 대북 제재에 동참한 이후 북한과 중국과의 관계가 사상 최악으로 치닫고 있다. 작년 11월 시진핑이 북한에 특사를 보냈지만 김정은은 만나주지도 않았다. 평창 올림픽을 계기로 남북의 특사단이 서울과 평양을 오갔고, 남북 정상회담과 미북 정상회담을 열기로 합의한 상태다. 시진핑은 화가 많이 났을 것이다. 김정은을 만나고 싶겠나.

(3) 비행 공포증이 있었던 김정일과 달리, 김정은은 항공기를 직접 몰 정도로 비행을 좋아한다. 집권한 이후 지방 시찰 때마다 전용기를 이용했고, 평창 올림픽 개막식에 참석한 동생 김여정도 전용기로 서울에 왔다. 김정은이 해외 방문을 했다면 굳이 항공 편이 아닌 열차 편으로 갈 이유가 없다.

(4) 특별열차 소식이 알려진 26일 국회에서 정보위원회 회의가 열렸다. 누가 방중했냐는 의원들의 질문이 쏟아졌고 국정원은 "아무 것도 아는 바가 없다."고 했다. 북한의 최고 지도자가 움직였다면 첩보 수준이라도 우리 정보망에 감지가 됐을 것이다.

김정은일 것이라는 4가지 정황증거와 아닐 것이라는 4가지 추론은 한 치의 양보도 없이 맞섰다. 북한 대사관의 번호판을 단 차량들과 중국 측 호위 차량 수십 대가 인민대회당으로 들어갔다는 일본 〈교도통신〉의 보도가 나왔지만, 이것 또한 정황증거 이상은 될 수 없었다. 〈교도통신〉 기사의 제목도 「북한 고위급 방중, 김정은인지는 확인 안 된다」였다.

소식통은 김여정을 가리켰다

“선배, 도로 사진 확인됐답니다. 일본 언론에서 받아썼고 외신에서도 베이징 사진이라며 올리고 있어요.” 미세먼지 세계지도 그래픽의 운은 여기까지였다. 베이징의 검은 차 행렬이 52판의 1면 사진으로 결정되었다.

국제부가 베이징과 도쿄, 워싱턴의 특파원들을 연결해 해외 정보를 뒤지는 동안 정치부는 외교와 관련한 취재강을 총동원하고 있었다. 누구냐. 하나의 답을 놓고 취재 전쟁이 벌어진 것이다. 전 세계의 언론이 참전했으니 취재 세계대전이라고 할 법한데, 여기엔 각 부의 부장들과 편집국장도 예외가 될 수 없었다. 저마다 휴대 전화를 들고 알 만한 소식통과 통화를 시도했다. 누구는 이렇게 말했는데 또 다른 누구는 다른 말을 하더라. 그렇게 얻은 정보는 소식통의 직위와 영향력, 즉 '끗발'에 따라 서로 경쟁했다. 급이 낮은 정보는 버려지고, 고급 정보는 위로 올라갔다.

"톱기사 다시 냈어." 52판 마감을 앞둔 밤 11시쯤 지면 레이아 웃을 다듬고 있는데 정치부장이 뒤쪽으로 다가와 말했다. "지금까지 취재된 바로는 김정은은 아닌 것 같고, 김여정일 가능성이 높아. 근데 기사에 확정적으로 쓸 수는 없고…."

"제목으로 커버하자는 거죠?"

51판 기사에 썼던 '외교가에서는 김정은 북한 노동당 위원장의 방중설도 나오고 있다'는 부분은 52판에서 '외교가에서는 김정은의 여동생 김여정 특사 파견설이 나오는 가운데 김정은이 직접 방중했을 가능성도 제기되고 있다'로 바뀌었다. 김여정을 김정은보다 앞세운 것. '김여정 파견설이 나오는 가운데' 라고 썼지만, 사실상 '김여정일 가능성이 크다'는 고위 소식통의 정보가 행간에 들어간 것이다.

모든 가능성을 병렬로 이어 붙일 수 있는 기사와 달리, 1면 헤드라인은 글자 수에 제한이 있다. 최대한 구겨 넣는다고 해도 15자를 넘길 수 없다. 글자 수가 늘어나면 제목 크기가 작아져야 하고, 그렇게 되면 1면 톱의 임팩트가 떨어지게 된다.

「김여정 또는 김정은, 열차 타고 방중」

이런 제목을 생각하는 분들도 있겠지만, 비슷하게라도 신문에서 이런 헤드라인을 본 적은 없을 것이다. 무책임하게 기사를 쓸 바에는 차라리 안 쓰는 게 낫다.

「김여정, 열차 타고 방중한 듯」

그렇다면 이건 어떤가. 가능하겠지만 1면 톱 제목은 확률에 기대어 결정할 문제가 아니다. 99퍼센트의 확률이라도 나머지 1퍼센트가 현실이 될 경우엔 오보의 멍에를 피할 수 없다. 물론 오보는 아니지 않냐며 항변할 수는 있다.

"잘 보세요. '방중했다'라고 쓰지 않았잖아요. '방중한 듯'이라고, 예측한 거잖아요."

그러면 독자들은 이렇게 대답할 것이다.

"김여정이라고, 1면 톱 제목에 대문짝만 하게 써놓았잖아."

편집자는 할 말이 없어진다.

그러면 제목을 어떻게 할 것인가. 고민해봐도 답이 없을 땐 무리하지 않는 쪽을 택한다. 헤드라인은 '북한 최고위급, 열차 타고 방중' 51판 그대로 가기로 한다. 대신 새로 취재한 내용은 헤드라인 아래 부제에 반영한다. 제목 크기에 뉴스의 가치가 반영되듯, 어떤 부분을 앞쪽에 쓸지 그 순서에도 편집자의 가치 판단이 개입한다. 편집자의 가치 판단에 따라, 1면 톱기사의 부제는 이렇게 바뀌었다.

51판 「김정은 방중설 돌아… 중국 인민대회당 주변 통제」
52판 「김여정 방중설 돌아… 김정은이 직접 갔을 개연성도」

〈블룸버그〉의 특종, 김정은이었다!

52판을 강판한 밤 11시 30분 이후에도 결정적인 뉴스는 나오지 않았다. 〈연합뉴스〉의 베이징 특파원이 찍은 인민대회당 주변 사진이 몇 장 올라왔지만 검문용 바리케이드와 그 뒤편에서 서성거리는 공안들만 보였다.

외신들의 상황도 별반 다르지 않았다. 중국 측 소식통들과 접촉하고 있는 듯했으나 팩트로 내세울 만한 정보는 없었다. 그날 밤 인터넷판에 올라온 제목들은 이랬다.

「중국의 미스터리한 손님」 (CNN)

「베이징에 도착한 열차, 김의 방문인가」 (〈워싱턴포스트Washington Post〉 – 이런 방법도 있었군. 김정은도 김여정도 모두 '김'이니)

「김정은 베이징에 있나」 (〈뉴욕타임스New York Times〉)

중국이나 북한의 공식 발표 전까지는 아무도 밝혀낼 수 없는 건가. 취재의 한계가 뼈아플 즈음, 그러니까 종쇄(인쇄 마감)를 30분쯤

남겨둔 새벽 1시, 주요 외신들 중 한 곳에서 마치 '우리가 밝혀냈다'고 외치듯 기사를 올렸다.

「김정은 전격 방중」(〈블룸버그Bloomberg〉)

〈블룸버그〉 통신은 '익명을 요구한 소식통 3명에 따르면'이라고 전제한 후, '김정은이 베이징을 깜짝 방문했다. 2011년 집권한 이후 첫 해외 순방이다'고 단정적으로 보도했다.

"선배, 어떡하죠?"

〈블룸버그〉의 속보를 알려온 국제부 야근자가 물었다.

"소식통 3명이라… 김정은이라고 이름을 박은 걸 봐서는 신뢰할 만하다는 얘긴데…."

이 시각에 판을 바꿔 의미 있는 부수를 찍으려면 윤전기를 세우는 수밖에 없다.

"다른 외신들은 어때? 김정은으로 보도한 데가 또 있어?"

"아뇨. 아직은 〈블룸버그〉뿐인데요."

"뭔가 있어 보이지만 그래도 〈블룸버그〉 기사에 우리 운명을 걸 순 없잖아? 다른 외신에서도 쓰면 그때 판단하자고."

이후 인쇄가 마감될 때까지 상황 변화는 없었다. 새벽에라도 누구인지 확인되면 어쩌나 걱정했지만, 아침이 밝아올 때까지 〈블룸버그〉를 제외한 외신들은 추측성 보도만을 내보냈다.

朝鮮日報

chosun.com

1920년 3월 5일 창간　안내 (02) 724-5114　구독·배달 080-900-0077　날씨 A33면　음력 2월 11일 戊午　2018년 3월 27일 화요일

북한 최고위급, 열차 타고 訪中

김정은 방중設 돌아… 中 인민대회당 주변 접근 차단
"김정일이 타던 특별열차 왔지만 누가 탔는지는 몰라"

북한의 고위 인사가 26일 전격 중국을 방문한 것으로 알려졌다. 외교가에서는 김정은 북한 노동당 위원장의 방중(訪中)설도 나오고 있다.

이날 오후 중국 인민대회당에서 주변 100m 이내 행인의 접근이 차단되는 등 삼엄한 경비가 이뤄지는 가운데, 북한 대사관 차량 포함한 귀빈용 고급 차량 20여대가 목격됐다. 방중한 북한 측 인사를 포함한 중국 측 인사가 동석한 가운데 북·중 행사가 열린 것으로 전해졌다.

앞서 이날 오후 중국 베이징 역에는 북한 것으로 보이는 열차가 삼엄한 경비 속에 도착하는 모습이 NNN(일본 요미우리계열 뉴스전문 채널) 카메라에 포착됐다. 열차는 녹색 차체에 노란색 선이 들어간 21량짜리로, 이 열차가 지나가는 베이징 시내 선로 주변에도 무장 경찰이 배치되는 등 이례적인 경비가 이뤄졌다. NNN은 "이 열차는 2011년 김정일이 방중 때 탔던 열차와 매우 닮았다"고 전했다.

북한 전문 뉴스 채널인 데일리NK도 이날 현지 소식통을 인용해, 북·중 접경 지역인 중국 랴오닝성 단둥역에 이날 거대한 가림막이 설치되는 등 심상치 않은 움직임이 포착되면서 '김정은이 중국을 방문했다'는 소문이 현지에서 돌고 있다고 전했다. 김정은은 지난 5월 정의용 청

위 소식통은 이날 "과거 김정일이 탔던 특별 열차가 단둥으로 간 것은 맞는 것 같다. 하지만 김정은이 탔는지는 확인되지 않는다"고 했다.

중국의 한 소식통은 "현재로서는 방중한 인사가 누구인지 알 수가 없는 상황"이라며 "다만 굳이 육로로 방문한 것을 보면 고소공포증이 있는 인물로 추정된다"고 말했다. 이에 따라 지난 평창올림픽 기간 육로로 한국을 방문했던 북한 김영철 통일전선부장이 미·북 정상회담 준비 상황을 중국에 설명하기 위해 왔을 수도 있다는 분석도 나오고 있다.

도쿄=김수혜, 베이징=이길성 특파원

국가부채 1500兆 넘어 사상 최대
845兆가 공무원·군인연금 부담금

정부 "작년 연금부담 93兆 증가"
공무원 더 뽑을수록 더 늘어날 듯

작년 우리나라 국가 부채가 1565조원에 달해 사상 최대를 기록했다. 2011년 773조원을 기록한 이후 6년 만에 2배 수준이 됐다. 정부는 26일 국무회의에서 이런 내용을 담은 '2017 회계연도 국가 결산' 보고서를 의결한 뒤 공개했다.

국가 부채란 중앙정부가 갚아야 국가 채무와 공무원·군인에게 장래에 지급할 연금 부담 등을 합한 금액이다. 국가 부채가 급증한 이유에 대해 오규택 기획재정부 국장은 "공무원·군인연금의 지급 부담이 1년 새 93조원 넘게 늘어난 것이 원인"이라고 했다. 공무원·군인연금 부담은 845조8000억원으로 전체 국가부채의 54%를 차지한다. 연금 부담 증가 폭은 2013년 통계를 집계한 이래 가장 큰 것이다.

김태근 기자 기사 A3면

사드, 6개월째 공사 스톱

작년 9월에 4기 추가 반입했지만
반대단체가 도로 막아 작업 못해

북한 핵·미사일 위협에 대응하기 위해 경북 성주에 주한미군 사드(THAAD·고고도 미사일 방어체계)가 임시 배치됐지만, 정상 운용을 위한 기지 공사가 작년 9월 이후 사실상 중단된 것으로 26일 알려졌다. 공사를 위해 필요한 건설 자재와 장비 반입을 사드 반대 단체와 일부 지역 주민들이 계속 막고 있기 때문이다.

군 관계자는 이날 기자들과 만나 "미군 숙소는 물론 사드 관련 시설 공사도 제대로 진척이 안 되고 있다"고 했다. 한·미는 2016년 9월 경북 성주골프장에 사드를 배치하기로 합의했다. 주한미군은 작년 4월 성주에 사드 발사대 2기를 들여왔고, 작년 9월 잔여 발사대 4기를 추가 반입했다. 그 이후 공사를 못하고 있다는 것이다. 주한미군 관계자는 "한국 정부가 사드 배치 문제를 방치하고 있는 것 같다"고 했다.

전현석 기자, 성주=권광순 기자 A2면에 계속

對美 철강수출 최대 9000억원 줄어든다

한·미 FTA 개정협상서 車 양보
한국산 픽업트럭 관세 20년 연장

한국이 최대 9000억원의 대미(對美) 철강 수출 감소와 한국산 픽업트럭 관세 유지 등 자동차 부문 양보를 대가로 미국의 철강 관세 부과 대상에서 제외됐다. 그러나 양국은 철강 관세 면제 기한(期限)은 명확히 하지 않았다.

김현종 통상교섭본부장은 26일 한·미 자유무역협정(FTA) 개정 협상 결과를 국무회의에 보고한 뒤 가진 기자회견에서 "한·미 양국은 미 무역확장법 232조 철강 관세 부과 조치에서 한국을 제외하는 데 합의했다"고 밝혔다. 대신 수출 물량은 2015~2017년간 평균 수출량(383만t)의 70%(268만t)로 감축하기로 합의했다. 한·미 FTA 개정 협상에선 미국은 한국산 픽업트럭 관세(25%)를 2041년까지 유지하고 한국은 미국산 자동차 수입에 대한 안전·환경 기준을 완화하는 데 합의했다.

안준호 기자 A2면에 계속, 기사 B3면

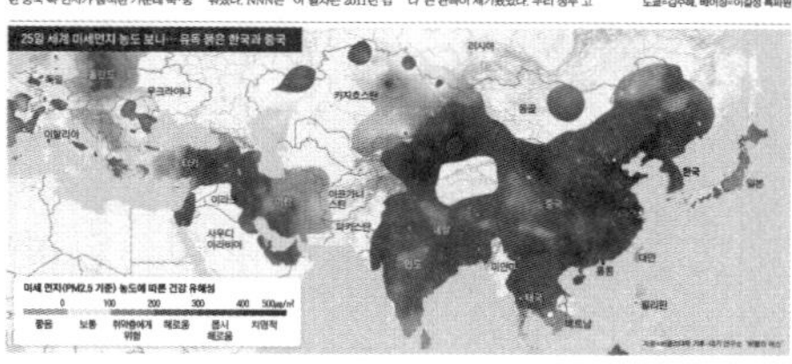

중국, 동부연안에 소각장 수백곳 더 짓는다

중국발(發) 고농도 미세 먼지(PM2.5)의 습격이 갈수록 잦아지고 있다. 올 1월 중순, 미세 먼지로 국민이 사흘간 고통받은 데 이어 지난 23~26일 나흘 동안 또다시 최악의 미세 먼지가 몰려들었다. 환경부 국립환경과학원은 27일에도 서울을 비롯한 수도권 미세 먼지 농도가 '나쁨' 수준이 될 것이라고 예보했다.

이번 고농도 미세 먼지는 공장과 석탄 화력발전소 등이 밀집한 중국 동부에서 나온 오염 물질 때문이라는 사실이 각종 기상 자료와 위성 영상 등으로

기존 244곳에 추가 227곳 계획
우리 정부 대응은 '속수무책'
오늘도 수도권 미세먼지 비상

확인되고 있다. 문제는 중국발 미세 먼지 영향이 앞으로 더 자주, 더 커질 수 있다는 점이다. 특히 한국과 가까운 산둥성·장쑤성 등 중국 동부 연안에 중국 정부가 대형 쓰레기 소각장을 더 짓고 있어 나 건설을 허용할 것으로 나타났다.

아직대 김성범 교수(환경대공학3)가 정부에 낸 보고서에 실시된 대기 현상을 반영한 대기환경 모델링 시스템 연구에 따르면 지난 2006년 약 8000t이던 중국의 쓰레기 소각량은 2015년엔 1억 8000만t으로 급증했다. 여기에 더해, 인구 증가와 매립지 부족 등으로 중국 정부는 오는 2020년 쓰레기 소각량을 2015년보다 두 배가량 늘릴 계획이다.

보고서에 따르면 "현재 소각 처리는 중국 동부 연안 성(省)에서 주로 이뤄지는데 더 많은 소각 시설이 이 지역에 만들어지는 추세"라며 "2015년 244곳이던 소각 시설이 현재 121곳 더 건설 중이고, 추가로 106곳 건설이 예정돼 있다"고 밝혔다. 김교수는 "쓰레기 소각 처리 과정에서 배출되는 대기 오염물질도 계속 증가할 것으로 보인다"고 말했다.

이렇게 되면 국내 고농도 미세 먼지 사태도 더 잦아질 수밖에 없다. 실제 서울의 미세 먼지 주의보 발령 일수는 지난 2013년 1일에서 2017년 10일로 크게 증가했다. 올 들어선 26일 현재까지 13일이나 돼 벌써 지난해 기록을 뛰어넘었다.

하지만 우리 정부는 중국발 오염 물질에 대해 속수무책이라는 태도다. 중국 소각장 대거 설치 같은 상황도 제대로 파악하지 못하고 있다. 정부 관계자는 "중국이 (경제적으로) 발전하면서 과거 우리처럼

박은호·김효인 기자 기사 A4·5면

2018년 3월 27일자 〈조선일보〉 52판 1면

미세먼지 세계지도 그래픽이 위쪽에서 아래쪽으로 내려왔다가
52판에서는 사라졌다. 누가 방중했는지는 끝내 싣지 못했다.

27일 아침 청와대는 '아직 누가 중국에 갔는지 모른다'고 했다가 기자들의 질문이 쏟아지자 '모든 상황을 염두에 두고 예의주시하고 있다'고 덧붙였다. 국정원은 오전에 열린 내부 회의에서 '김정은이 이 시점에 움직였을 가능성은 크지 않다, 김여정 노동당 중앙위 제1부부장일 가능성이 높다'고 결론을 냈다.

그런데 오후가 되자 상황이 급변했다. 중국 당국 쪽에서 정보를 흘렸는지, 외신들이 일제히 '김정은 방중' 제목으로 기사를 내보낸 것이다. 아침까지도 '김여정인 것 같다'고 했던 국정원은 오후 늦게야 당황한 듯 '김정은이 맞는 것 같다'며 말을 바꿨다.

결국 김여정이 아니라 김정은이었다. 이번 취재대전에선 〈블룸버그〉가 이겼다. 적당한 시간이 흐른 후 개인적으로 승자에게 묻고 싶다. 그 3명의 소식통이 누구였는지. 제목에 '김정은 방중'이라고 쓸 수 있을 만큼 확인을 한 것인지, 아니면 확률을 믿고 베팅을 한 것인지.

4

트럼프가 뒤집었다,
편집국이 뒤집혔다

인간의 논리와 그에 근거한 예측이란 얼마나 허망한 것인가. 역사책만 펼쳐봐도 금방 확인할 수 있는 진실을 우리는 번번이 잊어버린다. 예상 못한 사건이 터지면 그제서야 어찌 이런 일이, 놀란 머리로 분석하고 논리를 다시 가다듬지만 그때뿐이다. 에이 설마, 언제 그랬냐는 듯 곧바로 평상심으로 돌아온다. 우리들의 이런 안이함에 경종을 울리려는 것일까. 예측이 불가능한 사람 하나가 연일 언론을 들었다 놨다 한다. 그래 봐야 고작 한 사람인데, 하고 봤다간 큰코다친다. 그 한 사람이 도널드 트럼프, 미국의 대통령이기 때문이다.

풍계리와 싱가포르 사이, 오후 편집회의

북한이 약속대로 풍계리의 핵 실험장을 폭파한 날이었다. 폭파가 제대로 이루어졌는지 확인이 필요했지만 현장에서 지켜봤다는 다국적 취재진은 오후까지 아무런 보도를 내지 않았다. 풍계리에서 다시 기차를 타고 원산 호텔에 돌아와야만 인터넷에 접속할 수 있다고 했다. 편집국은 이틀 전에 있었던 워싱턴 한미 정상회담을 분석하고 보름 앞으로 다가온 싱가포르 미북 정상회담을 예측하느라 바빴다.

"그래도 풍계리를 1면 톱기사로 올려야 하지 않을까요?"

"북한이 발표한 것 말고는 뉴스가 될 만한 게 없잖아. 예고됐던 행사이기도 하고."

"한미 정상회담 관련해서 뒷얘기가 나온 게 있는데요. 문재인 대통령이 싱가포르 미북 정상회담이 끝나면 바로 그 자리에서 남북미 3자 회담을 갖자고 제안했답니다. 트럼프 쪽에서는 거절했다고 하고요."

"당연하겠지. 트럼프 입장에선 차려놓은 밥상에 숟가락 하나 더 들어오는 셈인데, 좋아하겠나."

"한미 정상이 단독회담 시간을 21분으로 줄여서 일찍 끝낸 것도 그렇고, 벌써부터 워싱턴 외교가에서는 한미 관계가 심상찮다, 껄끄러운 사이가 된 것 같다는 말들을 한답니다."

"싱가포르 회담을 앞두고 한미 사이에 이상 기류라… 일단 그걸로 톱을 한번 만들어봅시다."

오후 2시 편집회의는 무난했다. 한미 정상회담의 후속 기사가 1면 톱으로 결정되면서 풍계리 핵실험장 폭파 소식은 지면 아래로 밀렸다. 하위 20퍼센트 계층의 소득이 1년 새 8퍼센트나 줄었다는 기사, 트럼프가 자동차에도 관세 폭탄을 때릴 것이라는 뉴스도 1면 메뉴에 올랐다.

"3면은 어떡하죠? 한미 이상기류 기사를 3면까지 끌고 가기에는 무리인 것 같습니다. 관련해서 새로 쓸 수 있는 내용도 많지 않고요."

"네, 좋은 소식도 아닌데 1면에 3면까지 털어서 쓰는 건 부담스럽습니다."

"경제 기사는 어떻습니까. 최저임금을 16.4퍼센트나 올렸는데 오히려 하위 계층의 소득이 줄었다는 건 심각한 문제예요. 억지로라도 소득을 올려서 경제를 살리겠다는 게 이 정부의 소득 주도 성장 정책인데 현실은 정반대로 가고 있잖아요. 통계가 사실이라면 앞으로가 더 걱정입니다. 고용 문제와도 직결된 사안이고

요. 1면에 스트레이트 기사를 쓰지만 3면에서 좀 더 분석할 필요
가 있어요.”

“맞습니다. 소득 주도 성장론 자체도 보완이 필요하겠지만, 경
제 여건이 안 좋은 상황에서 밀어붙이는 게 더 큰 문제입니다. 우
리 신문이라도 제대로 짚어줘야 합니다.”

3면 메뉴도 정해졌다. 이날은 밤에 예고된 이벤트도 없었기에
편집회의에서 결정한 대로 지면이 제작되는 분위기였다. 실제로
밤 9시 30분에 마감한 51판 신문은 1면에 「한미 ‘문대통령 싱가포
르 방문’ 이견」, 3면에는 「저소득층 위해 올린 최저임금, 되레 저소
득층 울렸다」라는 제목이 인쇄되었다.

아, 지면 다 바꿔야겠다

“오늘 1면 톱은 어떤 것 같아?”

51판을 강판하고 대장臺狀● 회의가 끝난 후 편집국장이 다가와

● 지면을 강판한 이후 신문이 나오기 전에 편집국에서 프린터로 뽑아 보는 사본을 ‘대장쇄’라고 부른
다. 51판을 강판한 직후 각 지면의 대장쇄를 펼쳐놓고, 제목과 기사에 수정할 부분은 없는지 그 날의
마지막 편집회의를 한다.

물었다. 1면 편집자에게 이렇게 묻는다는 건 뭔가 지면이 마음에 들지 않는다는 뜻이다.

"한미 간의 분위기를 전하는 분석 기사라, 의미는 있지만 임팩트가 떨어지는 건 사실입니다. 제목을 더 생각해보겠습니다." 나는 고민하는 표정을 짓는다.

"밤에 나온 뉴스는 뭐 없나?" 국장은 옆쪽 정치부 데스크로 고개를 돌려 물어본다.

"네, 아직은요…. 트럼프 트위터에 뭐 올라온 거 없어?" 정치부장은 앞자리의 외교 담당 기자에게 국장의 질문을 넘긴다.

"지금까지는 뭐 없는데요." 외교 담당은 국장과 정치부장을 번갈아 쳐다본 후 컴퓨터 모니터로 시선을 돌린다. 그리고는 침묵.

밤 10시가 막 지난 시각이었다. 새로운 뉴스가 나온다면 모를까, 기존에 나와 있는 다른 기사로 1면 톱을 바꾸기는 어려워 보였다. 국장은 여전히 만족스럽지 않은 표정으로 이후에도 몇 번이나 국장실과 편집국 데스크 사이를 오갔다.

"국장, 이것 좀 보세요."

기자들이 '국장은 언제쯤 퇴근하려나' 하고 눈치를 볼 즈음, 그러니까 밤 10시 40분쯤이었다. 정치부 외교 담당이 뛰다시피 국장에게 와서는 자신의 휴대폰을 들이밀었다.

"뭐야, 이거!"

휴대폰을 들여다본 국장은 놀란 듯 한마디를 뱉고는 다시 화면을 훑었다.

"야, 트럼프가 싱가포르 회담 취소한단다. 지면 다 바꿔야겠다."

안 그래도 목소리가 큰 편집국장이 실내가 울릴 정도로 크게 외쳤다.

곧바로 편집국이 술렁이기 시작했다. 몇몇이 TV 쪽을 쳐다봤지만 방송 뉴스 채널 어디에도 긴급 자막이나 브레이킹 뉴스는 없었다. 속보가 없기는 인터넷도 마찬가지였다. "뭐야? 어떻게 된 거야?" 곳곳에서 놀란 목소리가 터져 나왔다. 편집부의 한 후배는 눈을 동그랗게 뜨고 입을 벌린 채 서 있었다.

외교 담당 기자가 국장에게 보여준 건 미국 백악관에서 보낸 문서 파일이었다. 백악관은 사안이 중대할 경우 공식 발표 전에 출입 기자단과 주요 외신 기자들에게 미리 내용을 알려주기도 하는데, 〈조선일보〉 외교 담당도 그 명단에 포함돼 있었던 것이다. 이메일로 부쳐온 문서는 '친애하는 김정은 위원장에게'로 시작해 '싱가포르 회담은 열리지 않을 것'을 기술하고, '마음 바뀌면 언제든지 알려달라'로 맺는 편지글 형식이었다. 아래쪽에 큼지막하게 박힌 트럼프의 서명이 백악관의 공식 문서임을 증명했다.

곧바로 비상 편집회의가 소집됐다. 각 부의 부장들과 각 지면의 편집자들이 편집국 중앙에 위치한 회의 테이블에 둘러섰다. 테이블 위쪽 천장에 매달린 전자시계가 밤 11시를 가리켰다. 52판 마감이 30분도 남지 않은 상황이었다.

"꼭 바꿔야 하는 지면부터 정리합시다."

국장의 목소리는 침착했지만 얼굴은 상기돼 있었다. 몇몇 부장들은 정치부가 복사해 나눠준 트럼프의 서한을 심각한 표정으로 읽고 있었다.

"이런 부분도 있네요. 우리의 핵 능력을 사용하지 않게 해달라고 신에게 기도한다…. 섬뜩한데요."

"그래, 따로 서한 전문도 실어야겠지. 그런데 지금은 52판 시간이 촉박하니까 욕심내지 말자고. 51판 상태로 기사가 나가면 안 되는 지면부터 우선적으로 해결하고, 보충이 필요한 부분은 53판에 추가하도록 합시다."

51판 신문은 6월 12일에 싱가포르 미북 회담이 열린다는 전제 하에 만들어졌다. 상황이 180도 달라졌기 때문에 관련된 기사와 제목을 모두 바꿔야 했다. 자칫 방심했다간 '열린다'와 '취소됐다'가 뒤섞인 기사가 나갈 수도 있었다.

지면 제작의 총지휘는 편집부장이 맡았다(신문 전체 지면을 장악한 채 순식간에 이리 바꾸고 저리 옮기는 모습을 보노라면, 영화 〈마이너리티 리포트Minority Report〉에서 양손으로 홀로그램 영상을 편집하는 톰 크루즈가 떠오른다. 이건 멀티태스킹을 초월한 메타태스킹meta tasking의 영역이다). 1면 톱은 「트럼프 "김정은과 6·12 정상회담 안하겠다"」로 대체되었고, 그 자리에 있던 「한미 '문대통령 싱가포르 방문' 이견」 기사는 2면으로 옮겨 「文대통령·트럼프 회동 때 이미 이상기류 있었다」는 제목으로 변형됐다. 마치 일이 이리 될 줄 미리 알고 준비한 기사처럼 딱 맞아떨어졌다.

「북한 "핵군축"이라며… 풍계리 핵 실험장 폭파」 기사도 바꿔야 했다. 북한이 비핵화를 하겠다며 핵 실험장을 폭파한 날에 트럼프가 미북 회담을 취소해버렸으니, 그 상황을 담아야 했다. 「풍계리 핵실험장 폭파했지만… 美北회담 취소로 의미 퇴색」 제목이 적용됐다.

3면은 기사와 제목을 조금씩 바꿔서 될 일이 아니었다. 회담 취소와 관련된 내용으로 완전히 다시 제작해야 했다. 우선 왜 취소했는지에 대한 해설 기사가 필요했다. 「트럼프, 北이 최선희 내세워 비난하자 초강수」 제목이 톱으로 올라갔다. 북한 외무성 부상인 최선희가 미국의 펜스 부통령을 비난했다는 51판 기사 「北 최선희, 펜스 저격하며 또 "회담 재고려" 겁박」은 「北, 펜스까지 저격하며 "회담 재고려" 제목으로 변형돼 3면 톱기사 아래에서 내용을 받쳤다. 톱 제목에 이미 최선희가 들어갔기 때문에 아래 기사의 제목에서는 최선희를 뺀 것이다. 비상 편집회의 때 언급됐던 '트럼프의 서한 전문'도 3면에 배치됐다.

지면 계획이 정해지고 편집국이 분주하게 움직일 때쯤 회담 취소를 알리는 국내 통신사의 1보가 떴다. 다른 언론사들도 이제부터 난리가 나겠군, 하며 시계를 보니 11시 10분이었다. TV에선 CNN의 앵커가 브레이킹 뉴스를 전하고 있었다.

"아 참, 사설과 칼럼도 바꿔야 되지 않아요?" 뒤쪽 오피니언 지면의 사설과 칼럼 일부도 싱가포르 회담과 관련된 내용이었다. 퍼뜩 떠올라 부장에게 말했다.

"이미 논설실에 전화해놨어." 부장은 그거 이제야 생각났어? 하는 얼굴이다.

「핵 포기 결단했다며 풍계리 폭파에 핵 전문가 막은 이유 뭔가」라는 사설은 「트럼프 美北회담 전격 취소, 비상한 안보 상황이다」로 바뀌었고, 강인선 워싱턴지국장이 싱가포르 희담을 전망하며 쓴 칼럼 「그래, 이게 원래 북한이지」는 글 전체가 전면적으로, 그 짧은 시간에 수정됐다.

"기사 빨리 달라니까." "야, 이 기사가 이리로 오면 어떡해." "제목이 겹치잖아, 빨리 바꿔." "오자 났어, 정신 안 차릴래?" 데스크들과 편집자들이 질러대는 고함 속에 52판은 숨 가쁘게 제작되었다. 강판 시간이 조금 늦춰지긴 했지만 다행히도 아무런 사고 없이, 주어진 상황을 감안하면 거의 완벽하게 마무리됐다. 강판 직후 편집자들은 약간 정신이 나간 표정이었지만, 시간이 조금 지나자 '이 어려운 걸 우리가 해냅니다' 같은 얼굴이 되어 있었다.

자정을 넘겨 제작한 53판에서는 1면 헤드라인이 「트럼프 "김정은과 6·12 정상회담 안 하겠다"」에서 「트럼프, 김정은과 정상회담 전격 취소」로 바뀌었다. 인물보다 사건에 초점을 둔 것. 그 외의 지면에 중요한 변화는 없었다.

편집국 기자들 모두 충격 속에서 '달밤 체조'를 땀나게 한 하루였다. 날짜로는 이미 하루가 지나버린 퇴근길, 기자들은 삼삼오오 땀을 식힐 심야 술집을 찾았다. 트럼프를 씹을 요량으로 소맥 잔을 들었는데 막상 안주로 오른 건 앞으로 벌어질 일에 대한 걱정이었다. 하지만 그 '앞으로'가 바로 다음 날이 될 줄은, 누구도 몰랐다.

김정은과 트럼프 사이, 다음 날 편집회의

하룻밤 사이에 한반도의 정세가 급변했다. 편집국은 분주했다. 무엇보다 주목되는 건 북한의 반응이었다. 전문가들은 '강 대 강' 원칙이 지금껏 북한이 취해온 태도였기에 이번에도 심상치 않은 행동을 할 것이라고 입을 모았다. 트럼프의 회담 취소가 북한이 풍계리 핵 실험장을 폭파한 직후에 단행됐다는 사실도 이 추측에 무게를 실었다. 상식적으로 보더라도 김정은이 가만히 있을 리 없었다. 그런데, 이 또한 빗나갔다.

"아침에 김계관이 김정은의 위임을 받았다면서 담화를 발표했는데요. 지금은 정상회담이 절실하니 언제든지 대화하자는 내용입니다."

"발표한 시각이… 트럼프가 회담을 취소한 지 9시간 만입니다. 북한도 당황한 것 같습니다. 이 정도면 꼬리를 내렸다고 봐야겠죠."

"나 참, 깡패 잡는 데는 깡패가 제격이라더니, 김정은한테는 트럼프 방식이 먹히네요."(이 말을 한 부장은 이날 팔면봉八面鋒●에 이렇게

● 〈조선일보〉 1면 오른쪽 하단에 위치한 고정 코너. 1924년부터 이어져온 코너로, 그 날 일어난 뉴스에 대해 정치, 국제, 사회부장이 각각 한줄 평을 쓴다. '팔면八面'이란 동양 사상에서 '모든 방면'을 가리키며, '봉鋒'은 힘 있는 글, 필봉筆鋒을 뜻한다.

朝鮮日報

chosun.com

1920년 3월 5일 창간　안내 (02)724-5114　구독·배달 080-900-0077

날씨 A32면　음력 4월 11일 丁巳　2018년 5월 25일 금요일

韓美 '문대통령 싱가포르 방문' 이견

文대통령, 트럼프와 정상회담때 '美北회담뒤 3國 종전선언' 제안
트럼프 유보적 반응… 백악관, 한미정상회담후 껄끄러운 분위기

문재인 대통령이 6월 12일 예정된 미·북 정상회담에 맞춰 싱가포르를 방문하는 방안을 검토하는 것으로 24일 알려졌다. 미·북 정상회담이 성공적으로 끝날 경우 바로 남·북·미 3국 정상이 한자리에 모여 '종전(終戰) 선언'을 하는 것을 염두에 둔 것으로 보인다. 문 대통령은 지난 22일(미국 시각) 도널드 트럼프 미 대통령과의 정상회담에서도 각종 대북 지원안과 함께 미·북 정상회담 직후 '3자 정상회담' 개최를 제안했다고 한다. 하지만 트럼프 대통령과 미 정부는 이에 유보적인 반응을 보인 것으로 알려졌다.

복수의 외교 소식통들은 "계획이 구체화된 것은 아니지만 청와대가 6월 싱가포르 방문을 위한 필일 검토에 들어갔다"고 전했다. 문 대통령은 당초 '판문점 미·북 회담 직후 남·북·미 3자 회담 개최' 방안을 염두에 두고 트럼프 대통령과 미·북 회담 장소를 논의했다. 하지만 트럼프 대통령이 싱가포르를 미·북 회담 장소로 최종 결정하자, 문 대통령이 직접 싱가포르로 가서 3자 정상회담을 하는 방안도 검토하고 있다는 것이다.

청와대는 한·미 정상회담 후 "양 정상이 미·북 정상회담 이후 남·북·미 3국이 종전 선언을 함께 하는 방안에 대해 의견을 나눴다"고 밝혔다. 실제 청와대 내부에서 이와 관련한 실무적 검토를 하고 있는 것으로 알려졌다. 다만 청와대 핵심 관계자는 이날 기자들이 문 대통령의 싱가포르 방문 계획을 묻자 "현재로선 없다"고 했다. "싱가포르 방문이나 남·북·미 3자 정상회담은 전적으로 미국과 북한에 달려 있다"며 "아직 이를 검토할 단계도 아니다"고 했다. 미·북 정상회담까지 아직 변수가 많기 때문에 지금 공론화할 시점이 아니라고 판단한 것으로 보인다.

문 대통령의 이 같은 구상에 대해 트럼프 행정부는 유보적인 반응을 보인 것으로 알려졌다. 워싱턴의 외교 소식통은 "한·미 정상회담 후 백악관은 껄끄러운(strained) 분위기였다"고 했다. 최근 북한의 '비핵화 진정성'에 대한 의심이 높아지고 있는 상황에서 종전 선언 논의는 지나치게 앞서가는 얘기라는 것이다.

A4면에 계속
워싱턴=조의준 특파원, 이민석 기자

北 "核군축"이라며… 풍계리 핵실험장 폭파

폐쇄된 1번 땐 2→4→3번 갱도順
"美 향한 김정은의 웰컴 제스처"
전문가 없이 5개국 기자만 참관

북한이 24일 함경북도 길주군 풍계리 핵실험장의 갱도와 부대시설을 폭파하는 핵실험장 폐기 행사를 진행했다. 지난달 20일 노동당 중앙위 제7기 제3차 전원회의에서 결정한 핵실험장 폐기를 이행한 것으로, 미·북 정상회담을 앞두고 최소한의 성의는 보인 것으로 알려졌다.

북한은 이날 오전 11시부터 오후 4시 17분까지 5시간 동안 풍계리 핵실험장의 4개 갱도 중 2·4번 갱도 3곳을 순차적으로 폭파했다. 1번 갱도는 북한이 지난 2006년 10월 1차 핵실험을 한 후 방사능 오염 탓에 폐쇄한 것으로 알려져 있다. 북한은 핵실험장 부속 시설인 관측소 2곳, 단야장(鍛冶場·갱도 설비용 작업장), 생활건물 본부 등 5곳, 군(軍) 막사 2개 동도 폭파했다.

이날 폐기 행사에는 당초 약속했던 핵 전문가는 빠졌고, 한·미·영·중·러 등 5개국 기자 30명만 지켜봤다. 현장에 있었던 영국 스카이뉴스 아시아의 볼 체서 특파원은 "산을 올라가 약 500m 거리에서 폭파 장면을 지켜봤으며 '3, 2, 1' 이라는 카운트다운과 함께 엄청난 폭발이 일었다"고 했다. AP통신은 "북한의 핵실험장 폐기는 미·북 정상회담의 긍정적 분위기를 만들기 위한 김정은의 '웰컴 제스처'라면서도 "트럼프 대통령이 요구하는 진짜 비핵화까지는 더 많은 진지한 조치가 뒤따라야 한다"고 지적했다. 이날 북한은 핵무기연구소 명의 성명에서 "공화국 정부의 평화 애호적 노력이 다시 한 번 확증되었다"며 "핵시험 중지는 세계적인 핵군축을 위한 중요한 과정"이라고 했다. 이는 핵보유국으로서 향후 비핵화 협상에 임하겠다는 뜻으로 보인다.

외교부 공동취재단, 김진명 기자 **A5면에 계속**

북한이 24일 5개국 취재진 30명이 참관한 가운데 풍계리 핵실험장 갱도를 폭파했다. 지난달 20일 핵실험장 폐기를 공언한 지 34일 만이다. 북한은 2006년 이후 작년 9월까지 이곳에서 총 6차례 핵실험을 진행했다. 사진은 23일 민간 위성업체 디지털글로브가 촬영한 폭파 전 풍계리 핵실험장 일대 모습.

소득주도 성장의 역설

하위 20% 소득 -8% 최악 급감, 상위 20% 소득 9% 최대 급등
1분기 빈부격차 최대폭 벌어져… '소득주도 성장' 논란 커질듯

정부가 서민들 살림살이를 나아지게 한다며 올해 최저임금을 대폭 올렸지만 1분기(1~3월) 저(低)소득층의 소득은 2003년 통계 작성을 시작한 이래 역대 최대 폭으로 급락했고, 고(高)소득층의 소득은 역대 최대 폭으로 급등했다. 서민들 주머니를 채워 소비를 살리고, 이를 통해 경제성장을 이끌어내겠다던 현 정부의 '소득주도 성장' 정책이 기대와는 정반대 결과를 가져오면서 그 효과에 대한 논란이 더욱 거세질 전망이다.

통계청은 24일 "올해 1분기 하위 20% 가구의 소득이 한 달 128만6700원으로 1년 전보다 8% 줄었다"고 밝혔다. 하위 20% 가구의 근로소득은 13.3%, 사업소득은 26% 급감했다. 이전까지 하위 20% 가구의 소득이 가장 많이 줄어든 것은 2016년 2분기의 -6.0%였다. 하위 20% 가구 소득은 2016년부터 작년 1분기까지 줄곧 줄었다. 그러다 작년 2분기 2.7%, 3분기 0%, 4분기 10.2% 늘어나면서 잠시 회복되는 모습을 보였다. 김정란 통계청 복지통계과장은 "고령화로 퇴직 가구가 하위 20%에 많이 편입되면서 소득이 급감한 것으로 보인다. 경기 상황도 영향을 미쳤을 것"이라고 했다. 통계청에 따르면 하위 20%의

2600원에 머물렀다. 현정택 인하대 교수(전 청와대 정책기획수석)는 "최저임금 인상이 경제적 약자들끼리의 (일)자리 뺏기만 유발한다는 사실이 다시 드러났다"며 "나아질 기미가 보이지 않는 일자리 사정도 저소득층 소득 악화에 영향을 미친 것으로 보인다"고 했다. 반면 1분기 상위 20%의 소득은 한 달 1015만1700원에 달해 작년 같은 기간보다 9.3%나 뛰었다. 역대 최대 증가 폭이고, 상위 20% 월소득이 1000만원을 넘긴 것도 처음이다.

상·하위 가구의 소득 격차가 벌어지면서 빈부 격차 역시 사상 최악(最惡)을 기록했다. 1분기 소득 5분위 배율은 5.95배에 달했다. 이 수치는 상위 20%의 월소득을 하위 20%의 월소득으로 나눈 것인데, 숫자가 클수록 소득 분배 상황이 좋지 않음을 의미한다.

소득 5분위별 월평균 명목소득 증가율

-8.0%	1분위 (하위 20%)
-4.0	2분위 (하위 20~40%)
0.2	3분위 (상위 40~60%)
3.9	4분위 (상위 20~40%)
9.3%	5분위 (상위 20%)

※2018년 1분기 기준 전년 동기 대비　자료=통계청

김태근·이은우 기자　기사 A3면

트럼프, 이번엔 자동차 관세폭탄

25% 검토… 한국차 85만대 비상

철강 관세 폭탄으로 재미를 본 도널드 트럼프 미 대통령이 이번엔 수입 자동차에 25% 관세 부과를 검토하라고 지시했다. 전체 차 수출의 33%(85만대)가 미국으로 향하는 한국의 대미 자동차 수출에 빨간불이 켜졌다. 자동차 산업은 한 브랜드당 50000여 협력업체가 관여돼 있는 특성 탓에 전후방 효과가 막대해 국내 175만개의 일자리를 책임지고 있다.

트럼프 대통령은 23일(현지시간) 성명에서 "자동차는 우리 국가에 대단히 중요한 산업"이라며 "수입 자동차가 국가 안보에 위협이 되는지 조사할 것을 상무부에 지시했다"고 밝혔다. FTA 조약을 무력화하는 '무역확장법 232조'를 지난 3월 철강에 이어 또 활용하겠다는 것이다. 대미 수출 의존도가 높은 최근 폐쇄된 한국GM 군산 공장 생산 가능량(26만대)의 3배 규모다.

홍정·김성민 기자 A10면에 계속

2018년 5월 25일자 〈조선일보〉 51판 1면

2018년 5월 25일자 〈조선일보〉 52판 1면

30여 분 동안 종합면 지면 전체를 바꿔야 했다.

썼다. 「"이 구역의 미친놈은 나야" 동네 조폭 김정은, 전국구 조폭 트럼프 만나 꼬리 내리는 모양새」)

"미국 쪽에서 회담을 취소한 만큼 번복할 가능성은 없어 보이고요. 다만 대화의 문은 열어놨으니까 다시 일정을 잡을 수는 있을 것 같습니다. 전문가들도 회담 연기 정도로 보는 사람들이 많아요."

"이건 뭐 도무지 예측을 할 수가 없으니. 기사 작성할 때나 제목 달 때 조금 더 주의를 기울입시다. 확인된 것 위주로 쓰고, 제목에도 감정적인 뉘앙스가 들어가지 않도록 조심해주세요."

이날 1면 톱은 회담 취소에 대한 북한의 대응을 분석한 기사로 정해졌다. 김계관의 담화는 오전에 이루어졌기에 그 사실만으로 다음 날 아침 신문의 1면 톱을 만들 수는 없었다. 제목은 스트레이트보다 상황을 전달하는 쪽에 무게를 두어야 했다. 여러 번의 수정을 거친 끝에 「트럼프가 판 뒤집었는데, 김정은 공손해졌다」는 헤드라인이 달렸다.

2면엔 북한 김계관의 담화 내용, 3면엔 회담 취소 관련 후속 기사가 준비됐다. "회담 성사 가능성이 99.9퍼센트다."라고 했던 정의용 국가안보실장과 청와대의 반응은 4면에 넣기로 했다. 「0.1%의 가능성이 현실이 되자… 말 아끼는 청와대」 살짝 꼬

집는 제목으로 갔다. 회담을 앞두고 객실 예약을 막았던 싱가포르 호텔들이 다시 예약을 받기 시작했다는 기사도 4면에 예약됐다.

"아침에 북한의 반응도 나왔으니, 오늘 밤엔 별일 없겠지?" 어젯밤의 충격이 가시지 않은 듯 국제부 야근자가 물어왔다.

"설마, 어제 그 난리를 쳤는데." 한마디 뱉고는 아차 싶었다. '설마'라는 단어 또한 그 말을 뱉는 순간부터 현실을 변화시킨다. 하지만 잠시 후 나는 고개를 젓는다. "그래, 설마 그렇더라도 오늘은 아니겠지."

아, 또 지면 다 바꿔야겠다

계획했던 대로 51판을 제작하고 시간이 어느 정도 흐른 52판 상황. 습관적으로 핸드폰을 들여다봤다. 정치부의 외교 담당은 물론이고 국제부와 편집부의 야근자가 밤마다 수시로 체크하는 것이 있는데, 바로 트럼프의 트위터다. 워싱턴 시각으로 아침 9시, 우리 시각으로 밤 10시 이후엔 시도 때도 없이 쏟아진다. 한마디씩 날리는 말이 대형 뉴스가 될 수 있다. 그런데 기날은 별 내용이 없다. 어제 큰 걸 터뜨려서 오늘은 쉬나 보다 했는데 깜빡했다. 트럼프의 '말폭탄'은 온라인과 오프라인을 가리지 않는다는 걸.

밤 10시 40분쯤 통신사의 속보가 한 줄 떴다.

「트럼프 "6월 12일 정상회담 예정대로 열릴 수도… 북한과 대화중"」

"뭐야, 이거!"(데자뷰. 어젯밤 이 시각에 국장이 했던 말을 내가 하게 될 줄이야)

국제부는 이미 바삐 움직이고 있었다. 곧바로 편집국장에게 보고되었고, 퇴근을 준비하던 국장은 또다시 비상 편집회의를 소집했다.

"오늘 트럼프가 해군사관학교 졸업식에서 연설을 하기로 되어 있는데요. 연설에서 한 말은 아니고, 백악관에서 전용 헬기를 타러 가면서 기자들에게 한 말이랍니다. 싱가포르 회담이 예정된 날짜에 열릴 수 있다고 했고, 북한과도 접촉중이랍니다."

"아니, 취소한다고 공식 서명까지 해놓고 어떻게 하루 만에 180도 바꾸지?"

"그러니까요. 이건 뭐 종잡을 수가 없으니."

"또 바꿔야지 뭐(헛웃음)… 시간이 없으니 이번 판에 꼭 수정해야 할 지면부터 작업합시다."

이틀 연속 같은 상황이 벌어졌다. 52판 마감까지는 또 30여 분.

싱가포르 회담 취소를 기정사실로 하고 쓴 기사와 제목은 모두 바꿔야 했다. 지휘는 어제처럼 편집부장이 맡았다.

1면 톱 제목 「트럼프가 판 뒤집었는데, 김정은 공손해졌다」는 「트럼프 "6·12 미북회담 열릴 수 있다"」로 바뀌었다. 북한 김계관의 저자세 담화를 분석한 2면은 다행히 기사 내용의 일부만 수정하면 될 정도였다. 3면 「트럼프, 북한식 벼랑끝 전술로 북한을 당황시켰다」는 톱 제목은 그대로 두기로 하고, 대신 부제에 「북이 곧바로 몸 낮추자, 다시 대화 모드로」 부분을 추가했다. 트럼프가 백악관에서 회담 취소를 발표하는 3면 메인 사진은, 기자들 앞에서 회담 성사 가능성을 언급하는 장면으로 교체되었다.

4면은 전면 수정이 불가피했다. 「0.1%의 가능성이 현실이 되자… 말 아끼는 청와대」 제목은 빼야 했다. 정의용 실장의 말이 다시 현실이 될 수 있는 상황이었다. 「미국 '한국은 지켜봐달라' 메시지… 말 아끼는 청와대」로 제목과 기사가 수정됐다. 성김 주필리핀 미국 대사가 북한과의 실무회담을 위해 한국에 와 있다는 뉴스가 그 아래를 차지했다. 트럼프의 발언을 뒷받침하는 뉴스였다. 「미국, 북한과 직접 조율 나서나… 성 김, 서울서 대기」 제목이 달렸다. 「회담 취소되자 다시 예약 받는 싱가포르 흐텔」 기사도 그대로 나갈 수 없었다. 때마침 싱가포르 현지 특파원에게서 풀렸던 호

朝鮮日報

chosun.com

1920년 3월 5일 창간　안내 (02)724-5114 구독·배달 080-900-0077　　날씨 A29면　음력 4월 12일 癸酉　2018년 5월 26일 토요일

트럼프가 판 뒤집었는데, 김정은 공손해졌다

**트럼프 "北 무모한 행동땐 대응… 회담 열릴 수도" 강온 전략
김계관, 김정은 위임 담화서 "언제 어떤 방식으로든 만나자"**

도널드 트럼프 미국 대통령은 24일(현지 시각) 미·북 정상회담 취소를 선언하며 "북한이 어리석고 무모한 행동에 나선다면 대응할 준비가 돼 있다"고 했다. 트럼프 대통령은 그러면서도 "(미·북 정상회담이) 다시 열릴 수도 있다"고 했다.

풍계리 개울서 北기자 "방사능 없다, 마셔보라"
돌아오는 열차서 회담 취소 들은 北인사들 '충격'

지방선거 2.2대 1
경쟁률 역대 최저

후보 등록 마감… 본격 선거전

25일 중앙선거관리위원회가 6·13 지방선거 후보 등록을 마감한 결과 후보들의 평균 경쟁률이 2.2대1(오후 7시 현재)을 기록했다. 역대 최저 경쟁률을 기록한 1998년 지방선거 수준(2.3대1)이다.

17명의 시·도지사를 뽑는 광역단체장 선거에는 70명이 등록해 4.1대1의 경쟁률을 보였다. 226명을 선출하는 기초단체장 선거에는 712명이 출마해 경쟁률은 3.2대1이었다. 17개 시·도 교육감 선거에는 53명이 후보로 등록해 경쟁률이 3.1대1이었다. 광역의원과 기초의원(비례대표 제외) 경쟁률은 각각 2.5대1과 2.0대1이었다.

시·도지사 등 광역단체장 출마자 70명 중 27명(38.5%)이 전과가 있었고,

최저임금에 상여금·복리후생비 일부 넣기로

**국회 환경노동위 개정안 처리
노동계 "개악이다" 강력 반발**

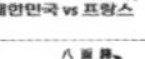

2018년 5월 26일자 〈조선일보〉 51판 1면

朝鮮日報

chosun.com

1920년 3월 5일 창간

트럼프 "6·12 美北회담 열릴 수 있다"

취소 하루만에 성사 가능성 시사… "北과 논의 중"
北이 "어떻게든 만나야" 물러서자 대화 모드로 전환

지방선거 2.3대 1 경쟁률 역대 최저

후보 등록 마감… 본격 선거전

풍계리라 특별열차 내부 - 한·미·영·중·러 기자단 30명이 25~26일 북한 풍계리 핵실험장을 오갈 때 탑승한 특별열차 내부 전경. 객실(왼쪽)에는 간이침대와 백열전등 형과 적혀 있고, 생수와 종류 등이 비치돼 있다. 기자단이 방을 열 수 없도록 모든 창문에는 블라인드가 쳐졌다.

풍계리 개울서 北기자 "방사능 없다, 마셔보라"
돌아오는 열차서 회담 취소 들은 北인사 '충격'

최저임금에 상여금·복리후생비 일부 넣기로

국회 환경노동위 개정안 처리
노동계 "개악이다" 강력 반발

2018년 5월 26일자 〈조선일보〉 52판 1면

회담 취소를 전제로 쓴 기사와 제목은 모두 수정했다.

텔 예약이 다시 막혔다는 연락이 왔다. 「샹그릴라 호텔 종일 우왕
좌왕… 예약 받기로 했다가 다시 막아」 기사로 고쳐 썼다.

"아, 사설은 그냥 나가도 되나? 수정해야 할 부분 있을 텐데."
오늘은 부장이 물어왔다.

"논설실에서 전화 왔었어요. 다시 쓴답니다."

「되살려야 할 한미회담, 99.9% 틀린 한미로는 안 돼」라는 사설
이 「되살려야 할 한미회담, 한미공조 이 상태론 안 돼」로 달라졌다.

이미 한 번 경험했던 '달밤 체조'라 어제만큼 힘들지는 않았다.
52판 강판은 늦지 않았고 사고 없이 마무리되었다. 윤전기가 돌고
30분쯤 지나자 새로 찍힌 신문이 편집국에 올라왔다. 혹시 잘못된
부분은 없는지 다시 한번 확인해야 했지만, 활자가 징글징글하게
느껴졌다. 신문을 펼쳤다가 다시 접었다. 머리를 식히고 피로를
씻어낼 냉각수가 절실했다. "선배들, 어제 갔던 그 집 어때요?"

소맥 잔이 부딪치고, 단골 메뉴인 트럼프가 안주로 올랐다.
"그런 장사꾼이 미국 대통령이 돼 가지고 말이야."
"선출된 거죠. 합리적이라는 미국인들이 그 사람을 찍었으니까."
"그럼 대통령 잘못 뽑은 미국인들을 탓해야 하나?"
"글쎄. 우리가 그런 말할 자격은 없는 듯."

“상을 엎었다가 다시 차린 게 신의 한 수인지도 몰라. 트럼프가 원하는 쪽으로 가고 있잖아.”

“그래요? 저는 김정은이 원하는 쪽으로 가는 것 같은데요.”

“앞으로 두고 보면 알겠지. 그나저나 내일은 또 어떻게 될지 걱정이네.”

“미국이나 중국 한마디에 춤출 수밖에 없는 우리 처지가 문제겠지. 그냥 긍정적으로 생각하자고. 뉴스가 쏟아지니 신문쟁이들한텐 좋은 것 아니겠나. 자, 들자고.”

이날 술자리는 한 시간을 못 넘기고 끝났다. 의외로 더 마시자는 사람이 없었다. 이틀간의 피로가 쌓인 탓도 있었지만, 정말이지 다들 다음 날이 걱정이었다.

5

가짜 뉴스,
오보, 아님 말고

2017년 2월 13일 말레이시아 쿠알라룸푸르 국제공항[●]

월요일 오전, 저가 항공사의 체크인 카운터가 있는 제2청사 3층은 어디론가 떠나려는 사람들로 분주했다. 9시를 나타내는 푸드 코트 대형 전자시계 아래에 선글라스를 낀 남성이 서 있다. 남자가 손짓을 하자 옆쪽에서 서성이던 동양인 남자 두 명이 다가왔다. 한 명은 짧은 스포츠형 머리를 했고 다른 한 명은 파란색 야구

[●] 현장 CCTV와 관련 기사, 재판 과정에서 추가로 공개된 증언 및 수사 기록을 토대로 사건을 재구성했다.

모자를 썼다. 잠시 이야기를 주고받은 세 사람은 다시 흩어졌다.

짧은 머리와 야구 모자는 서로 다른 방향으로 가는가 싶더니 푸드코트 맞은편 구석에서 다시 만났다. 동남아계로 보이는 여성 둘이 그들에게 다가와 인사를 했다. 짧은 머리가 가방에서 무언가를 꺼내 건네자 여성들은 물건을 핸드백에 넣었다. 그 사이 야구 모자는 핸드폰으로 누군가와 통화를 한다. 갑자기 야구 모자가 뭐라 소리치며 손가락으로 어딘가를 가리켰다. 네 사람의 시선이 일제히 한 곳을 향했다. 두 남자는 재빨리 뒤돌아섰고 두 여자는 손가락이 가리킨 로비 쪽을 향해 걸음을 옮겼다.

"저 사람 맞지?"

흐엉이 장에게서 건네받은 손수건을 핸드백에서 꺼낼 때 아이샤가 물었다. 로비 중앙에 위치한 셀프 체크인 키오스크 앞에 동양인 남성이 있었다. 하늘색 재킷을 입고 검은색 백팩을 둘러맨 사내는 누가 봐도 눈에 띌 만한 덩치였다. 마카오행 비행기의 출발 시간을 확인하고 있었고 지금 무슨 일이 벌어지고 있는지 전혀 눈치채지 못한 것 같았다.

"응, 확실해."

흐엉은 젤이 묻어 질척해진 손수건을 손바닥에 얹은 채 푸드코트 구석 쪽을 쳐다봤다. 조금 전까지 행동 요령을 확인시켰던 장과 와이는 보이지 않았다. 대신 하나모리가 선글라스를 낀 채 이쪽을 바라보고 있었다. 목표물을 살피는 것인지 흐엉과 아이샤를 보고 있는지는 알 수 없었다. 잠시 후 하나모리가 선글라스를 벗더니 흐엉을 바라봤다. 그리고 고개를 두 번 끄덕였다.

"지금이야." 흐엉이 아이샤에게 말했다.

"흐읍!"

상황은 순식간에 끝났다. 목표물은 몸부림을 치며 짧은 한마디를 내뱉었을 뿐 제대로 반항하지도 못했다. 뒤에서 얼굴을 덮친 흐엉의 동작은 연습할 때보다 빨랐다. 사내는 젤로 범벅이 된 얼굴을 훔치며 눈을 비볐다. 앞쪽에서 스프레이를 분사한 아이샤는 벌써 현장을 등지고 저만치 멀어졌다. 흐엉은 고개를 숙인 채 반대 방향으로 걸음을 재촉했다. 곁눈질로 식당가 쪽을 쳐다봤지만 하나모리는 자리에 없었다.

2층으로 연결되는 계단을 내려와 모퉁이를 돌던 흐엉이 잠시 멈춰 섰다. 손수건에 묻어 있던 젤이 손바닥에서 번들거리고 있었다. 자신의 손을 쳐다보던 흐엉의 발걸음이 빨라졌다. 이미 위치를 파악해놓은 듯 흐엉은 코너를 돌자마자 팻말을 보지도 않고 여자 화장실로 들어갔다.

김정남 암살 일주일 후 서울

김정은의 이복형 김정남이 말레이시아에서 암살된 사건은 전 세계를 충격에 빠트렸다. 김정남이라는 인물의 신분과 드라마틱한 인생도 그렇지만, 외국인 여성과 독극물(VX라는 화학무기가 사용됐다는 사실은 사건 발생 후 열흘이 지나서 알려졌다)을 이용한 북한의 암살 수법에 사람들은 경악했다.

김정남이 죽고 부검이 진행되는 일주일 사이, 언론의 관심은 온통 말레이시아 현장에 집중됐다. 뉴스의 핵심은 시신 확인에 있었다. 말레이시아 정부는 우리 정보당국이 넘겨준 김정남의 지문을 바탕으로 ‘김정남의 시신이 맞다’고 발표했지만, 북한은 김철이라는 이름의 다른 사람이라고 주장하며 맞섰다. 말레이시아 부총리가 ‘시신을 북한에 넘겨주겠다’고 했다가 파문이 일자, 경찰청장이 ‘유족에게 우선권이 있다’며 정정하기도 했다. 말레이시아 경찰 쪽에서 부검 결과를 발표할 수도 있고, 말레이시아 정부에 불만을 품은 북한 대사관이 돌발 행동에 나설 가능성도 있었다. 현장에선 한국에서 파견된 기자 수십 명이, 한국에선 국제부 내근 기자들과 담당 편집자들이 신경을 곤두세우는 상황이었다.

2월 20일, 김정남 암살과 관련한 주요 뉴스는 2건이었다. 하나는 북한의 기자회견. 이날 오후 말레이시아의 북한 대사 강철은 대사관 앞에 모인 각국 기자들을 향해 '사망자는 김철인데 말레이시아 정부가 한국 정부와 결탁해 정치적 음모를 꾸미고 있다'고 강변했다. 전날 말레이시아 경찰이 북한 용의자 5명을 공개하고 북한을 배후로 지목한 것에 대한 반박이었다.

다른 하나는 암살 순간의 동영상. 일본 후지TV는 2월 13일 범행 당시의 공항 CCTV 화면을 입수해 보도했다. 두 여성의 독극물 공격은 단 2.33초 만에 끝났고 무결점이라 할 만큼 완벽했다는 내용이었다.

편집회의에선 북한의 회견을 1면에, 암살 동영상 관련 기사는 캡처 사진과 함께 3면에 싣기로 했다. 1면 제목은 「44년 우방 북한 말레이시아, 외교분쟁으로 비화」, 3면은 「독극물 공격에 단 2.33초… 김정남, 몇 분간 걸어다니다 혼절」이 타이핑 됐다.

편집국이 술렁이기 시작한 건 51판 제작을 준비하던 저녁 8시 30분쯤이었다.

"어, 저건 뭐지?"

몇몇 기자들이 벽에 걸린 대형 TV 앞으로 모여들었다. 케이블 뉴스 채널의 화면 하단에 '긴급 속보'라며 붉은 자막이 떴기 때문이다.

「뉴스속보: 김한솔 현지시각 7시 50분 말레이 도착」

"어이, 국제부. 김한솔이 말레이시아에 갔다는데?" 뉴스를 지켜보던 선배가 소리쳤다.

국제부는 당황한 눈치였다. 서둘러 인터넷에 올라온 외신을 살피고, 현지 특파원에게 전화를 걸었다.

"방금 YTN에 떴는데, 김한솔이 말레이시아에 도착했다고. 그래, 죽은 김정남 아들. 우리 대사관에 연락해보고, 공항 쪽에도 한 번 확인해봐."

김정남의 시신은 아직 신원 확인 작업을 거치지 않았다. 전날 외신은 마카오에 머물고 있는 김정남의 가족 중 한 명이 시신을 확인하러 말레이시아에 갈 가능성이 있다고 보도했다. 정말 사망했는지 직접 눈으로 보길 원한다는 것이었다. 김정남의 가족은 중국 정보 당국이 보호하고 있었다. 김정남을 제거한 북한이 화근을 없애는 차원에서 그의 가족에게까지 손을 대려 할 수 있었다. 그렇다면 다음 타깃은 김정남의 아들인 김한솔이 될 것이라고 전문가들은 경고했다. 이런 상황에서 김한솔이 암살 위험을 무릅쓰고 말레이시아에 갔다면, 지면을 뒤흔들 뉴스임에 틀림없었다.

왓츠앱이 퍼뜨린 뉴스, 혹은 소문

"말레이시아 현지 언론이 보도한 건 맞는데, 출처가 불분명합니다." 현지 특파원은 신중했다. "도착한 것으로 알려졌다는 말만 있고, 누가 목격한 것인지 관련자가 알려준 건지 기사의 근거가 없습니다. 현지 기자들끼리 하는 말을 들어보면 왓츠앱Whatsapp을 통해 알려졌다고 합니다."

"왓츠앱? 그건 메신저 아냐? 메신저에 나도는 말을 기사화했단 말이야?" 통화하는 국제부 데스크의 목소리가 커졌다. 왓츠앱은 전 세계 10억 명의 사용자를 보유한 모바일 메신저로, 2014년 페이스북의 저커버그가 20조 원을 주고 인수하면서 더욱 유명해졌다. 연결된 사람들끼리 쉽게 메시지를 퍼 나를 수 있어 가짜 뉴스의 온상으로 지목되기도 한다.

"말레이시아 매체가 왓츠앱 메시지만 보고 기사를 썼는지 따로 확인을 거쳤는지는 확실하지 않고요. 공항 쪽으로 기자들이 몰려드는데 김한솔을 봤다는 사람은 없습니다. 외신 기자들도 현지 뉴스에 한바탕 난리가 난 모양인데, 기사를 쓰지는 않고 있어요."

"말레이시아 공항 당국이나 정부 쪽은 어때?"

"글쎄요. 다들 모른다는 말만 반복하고 있습니다."

"그렇겠지. 설사 김한솔이 갔다고 해도 북한 쪽에 새어나가면 안 될 테니까. 그럼 계속 수고해주고, 혹 새로운 소식이 들리면 바로 보고해줘."

사실이라면 1면 톱을 바꿀 뉴스지만 정색하고 기사화할 단계는 아니라고 편집국은 판단했다. 51판 지면에는 반영하지 않고 더 지켜보기로 했다. 그러던 밤 11시쯤, 상황 변화를 알리는 속보 하나가 떴다.

「로이터 "김한솔, 말레이시아 병원에 도착한 듯"」

김한솔이 말레이시아에 왔다는 현지 매체의 보도를 글로벌 통신사인 로이터가 확인해준 셈이다. 국제부와 편집부는 곧바로 지면 회의를 열었다.

"로이터가 받아 썼네요. 취재 과정에서 뭔가 나온 게 아닐까요?"

"그러게요. 말레이시아의 다른 매체들도 로이터 보도를 받아서 속보로 올리고 있어요."

"이거 우리도 써야겠는데요. 일단 로이터 보도를 전제로 기사를 쓰고, 제목도 눈에 띌 만큼 크게 뽑는 게 좋을 것 같습니다."

"아니, 잠깐만. 그런데 로이터 기사의 원문을 보면 따로 취재됐다는 내용이 없어요. 여기 보세요. 김한솔이 병원에 도착했다는 소식이 현지에서 나왔다. 이것 말고는 없잖아요."

사실이었다. 국제부 야간 데스크가 건넨 영문 기사에는 '현지에서 그랬다 카더라'는 말뿐, 누가 어떤 식으로 전했다는 내용이 없었다. 현지 매체는 메신저에 떠도는 출처 불명의 소문을 속보로 내보내고, 로이터는 그 속보를 받아 기사를 전송하고, 현지 매체는 로이터의 보도를 인용해 다시 속보를 띄우는, 웃지 못할 상황이 연출된 것이다. 그 보도를 한국의 매체들이 받아 방송으로 인터넷으로 퍼 나르고 있었다. 또 다른 글로벌 통신사인 AP와 AFP는 관련 소식을 일절 보도하지 않고 있는데도 말이다.

한국 신문들의 3가지 선택

로이터의 보도를 접한 한국의 신문사들은 어떤 선택을 했을까. 다음날 아침 거의 모든 신문들이 김한솔 관련 소식을 다루었지만 뉴스 가치에 대한 판단은 제각각이었다. 대처법을 유형별로 묶으면 다음과 같다.

⑴ 사실일 것이다. 그러니 1면 톱기사로 올리는 게 맞다.

〈국민일보〉가 가장 용감했다. 현지 언론의 보도 내용을 기정사실로 보고 1면과 3면에 펼쳤다. 1면 헤드라인은 「김한솔, 시신 인수 위해 말레이시아 입국」, 거기에 「김정남 암살 사건 새 국면」이라는 부제까지 붙였다. 페이지를 넘겨 3면에선 「김한솔이 시신 확인할 경우, 북한의 억지 주장 정당성 잃어… 국제적 고립 등 '후폭풍'」 제목의 분석 기사를 실었다.

〈한국일보〉도 1면 톱으로 보도했다. 제목은 「"김한솔 말레이시아 입국" 시신 찾으러 온 듯」. 큰따옴표를 붙이긴 했지만 역시 사실로 봤다. 「생명 위협 감수하고 결행」 작은 제목으로 내용을 뒷받침했다.

〈동아일보〉도 「"김한솔, 아버지 시신 찾으러 말레이 도착"」, 1면 왼쪽 4단을 할애해 사실상 톱기사로 올렸다. 4면에는 「김한솔 보호하던 중국, 개입 나선 듯… '北, 시신 넘보지 마라' 메시지」 해설 기사를 썼다.

(2) 사실인 것 같다. 하지만 1면 톱으로 쓰기엔 뭔가 불안하다. 1면에는 적당한 선에서 제목을 달고, 안쪽 지면을 활용해 내용과 파장을 충분히 쓴다.

〈한겨레〉는 「현지언론 "김정남 아들 김한솔, 말레이 입국」을 1면 하단에 3단 제목으로, 비교적 크게 다루었다. 현지 언론의 보도라는 점을 내세우긴 했으나 「주검 확인한 뒤 인도절차 들어갈 듯」 소제목으로 사실일 가능성을 부각시켰다. 3면에는 「김한솔 말레이 입국 파장」 단정적인 문패 제목을 걸고 분석 기사를 썼다. 〈서울신문〉은 「"김정남 아들 한솔, 말레이에 도착"」을 1면 소제목으로 소화했다. 3면에는 「김한솔, 사건 7일만에 말레이行」 역시 단정하는 제목으로 해설을 실었다.

〈경향신문〉도 「김정남 아들 김한솔 말레이 입국 보도… 시신 인수 절차 밟을 듯」이란 부제를 1면 톱 바로 아래에 붙였다. 4면 해설 기사에는 「김한솔, 신변 위협에도 입국한 듯」 제목을 헤드라인으로 올렸다.

(3) 신뢰할 수 없다. 확인된 내용이 없지 않나. 그래도 보도가 나온 것 자체는 뉴스이니 소제목에만 한 줄 추가한다.

〈중앙일보〉는 1면 기사의 5번째 부제로 「김한솔 말레이시아행 보도」를 조그맣게 넣었다. 기사에는 정부 당국자의 말로 "하지만 사실인지 확인되지 않고 있다."는 내용을 붙였다. 안쪽 지면에선 관련 기사를 다루지 않았다.

〈조선일보〉는 1면 소제목의 마지막 부분에 「김한솔, 말레이시아 입국설」 한 줄을 붙였다. '보도'가 아닌 '설'이란 표현을 쓴 것

은, 보도 자체도 문제가 있어 보인다는 편집자의 판단이다. 마찬
가지로 다른 지면에도 김한솔 관련 내용은 일절 싣지 않았다.

가짜 뉴스를 대하는 편집국의 자세

신문이 배달된 다음날 아침까지 말레이시아 공항에서도 병원
에서도 김한솔을 봤다는 사람은 없었다. 공항과 병원을 가득 메운
취재진들은, 마스크를 썼거나 김한솔과 비슷한 체형의 사람만 지
나가도 일단 쫓아갔다고 한다.

사태는 이날 오후 말레이시아 보건국장이 "지금까지 사망자의
가족이라고 주장하고 나선 사람은 없다."며 김한솔 입국설을 공
식적으로 부인함으로써 일단락되었다. 하지만 이후에도 북한 대
사관이 김한솔 입국과 관련한 기자회견을 한다는 루머가 퍼졌고,
다음 날까지도 병원 영안실 앞에는 100여 명의 기자가 진을 쳤다.
가짜 뉴스를 보도했던 매체들은 이번에는 '가짜 뉴스 후폭풍'을
앞다퉈 보도했다. 그중 '이런 가짜 뉴스 사태는 더 이상 일어나선
안 된다'며 가장 흥분한 곳은 로이터였다.

한국의 신문사들은 어땠을까. 일부 분개했을 것이고, 한쪽에선

후회했을 것이며, 안도의 한숨을 내쉰 곳도 있었을 것이다. 하지만 한편으론 사태가 정반대로 흘러갔더라면 어떤 일이 벌어졌을까, 궁금하기도 하다. 김한솔이 떡하니 병원 영안실에 나타났다면, 혹은 공항으로 입국하는 김한솔의 사진이 공개되었다면, 신문사들의 표정은 정반대가 되었을까. 1면 톱으로 보도한 신문들이 언론다워 보였을까. 아마도 기사를 쓴 기자와 지면 편집자는 어깨에 힘 좀 주었을 것이고, 최초 보도한 매체와 로이터는 특종상을 받았을 것이다. 반대로 소제목에만 찔끔 반영한 신문들은 너무 소극적으로 대처했다는 비판을 받았겠지. 정상적이지 않지만 현실적으로, 지금의 언론 환경에서는 상황이 그렇게 돌아간다.

소심한 편집자인 나로서는, 미래의 어느 밤에 동일한 상황이 벌어진다고 해도 같은 판단을 내릴 수밖에 없다. 그런 식의 특종을 열 번 하는 기쁨보다 한 번의 오보에 대한 두려움이 더 크기 때문이다. 오보의 공포는 언론사의 영향력과 비례한다. 쌓아온 신뢰의 높이가 높으면 높을수록 무너질 때의 충격 또한 큰 법이다. 신뢰의 잔해에 깔리지 않기 위해 기자들은 기사를 확인하고 또 확인한다. 그날 밤 식은땀을 흘리긴 했지만 신뢰의 탑은 건재했다. 가짜 뉴스를 내보내지 않았다는 사실만으로 충분히 만족한다.

(불현듯 드는 생각. 그날 정말 김한솔이 말레이시아에 간 것은 아닐까. 아

버지의 시신을 확인한 것은 아닐까. 말레이시아 당국이 김한솔의 안전을 우려해 모든 것을 극비에 부친 거라면, 내일이라도 김한솔의 인터뷰 기사가 나오면 어쩌나. 모르긴 몰라도 그와 관련한 보도는 로이터가 가장 먼저 할 것이다)

2

제목 이야기

오늘 제목을 완성하면
내일 죽어도 좋다

朝鮮日報
chosun.com
탄도미사일 동해로 발사
딕키가 새로
경북대학교
朝鮮
朝鮮
北, 이란 국민들의 환호를
After the Shock, a Need to Share Grief and Loss
朝鮮日報
chosun.com
경북대학교
국가부채 1500兆 넘어 사상 최대
845兆가 공무원·군인연금 부담금
결차 타고 訪中
美 '문대통령
The New York Times
THE SHUTTLE EXPLODES
6 IN CREW AND HIGH-SCHOOL TEACHER
ARE KILLED 74 SECONDS AFTER LIFTOFF
Thousands Watch
A Rain of Debris
11:39:13 A.M.
227곳 더

1

'아재 제목'의 유혹

오늘의 제목상

"요즘 우리 신문 제목들이 왜 이래? 재미도 없고 임팩트도 없고, 너무 밋밋해서 안 되겠어."

오래전 신문사 편집국에 석양주夕陽酒●가 유행하던 시절, 말술로 유명했던 어느 편집부장이 저녁 늦게 부원들을 모아놓고 호통을 쳤다. 화 때문이었는지 술 때문이었는지 회의실이 쩌렁쩌렁 울

● 기자들이 그 날의 첫 기사를 마감하고 초판 신문이 인쇄돼 나올 때까지 마시는 술. 해가 질 무렵 마신다고 해서 석양주다. 지금은 전설로만 남아 있다.

릴 만큼 큰 목소리였다. 1면부터 지면을 넘겨가며 제목을 하나하나 지적해나가던 부장은 마지막 페이지에서 잠시 침묵, 그리고는 비장의 카드를 꺼냈다.

"내일부터 매일, 그 날 지면에서 가장 뛰어난 제목을 골라 상금을 주겠다."

오호라. 홧김이었거나 술김이었거나, 사재를 털어 편집부의 발전을 도모하겠다는 돌발 선언에 모두들 귀가 솔깃했다. 상금이 무려 20만 원(당시 삼성전자 주식이 40만원이었다)이었기 때문이다. 코흘리개 신입이자 자취생이었던 나는, 그깟 돈 몇 푼에 흔들릴 기자가 어디 있겠냐는 투의 헛웃음으로 선배들을 방심하게 한 후, 내심 전의를 다졌다.

결전의 날. 비장한 각오로 출근한 내게 맡겨진 지면은 사회면, 게다가 국방부 기사였다. 내가 하는 일이 다 이렇지 뭐. 불운의 한숨을 길게 내쉰 후 기사를 훑었다. 국방부에서 사병들의 식단을 개편하는데 칼로리는 낮추고 품질은 높이는 방향으로 한단다. 최악이었다. 일반인들이 군대 짬밥에 관심이나 있을까? 일식이나 양식 메뉴를 추가한다고 해도 볼까 말까 한데 그냥 품질을 높이겠다니. 기사 내용을 요약하는 제목으론 승산이 없었다. 그냥 포기할까. 아니지, 어떻게든 말을 만들어보자. 기사를 읽고 연상되는 모든 단어들을 나열한 다음, 이리 바꿔보고 저리 연결해봤다. 그러기를 수십여 분. 그래 이거야, 하고 나온 제목은 이랬다.

「軍살 빼고, 軍침 돌게」

군대의 '군'과 군살의 '군'과 군침의 '군', 동음이의어의 단순한 발견을 일차원적 재치로 연결시킨 조어造語였다. 그런데 이 제목이, 기자적 고민과 문학적 언어와 사회적 함의가 담긴 선배들의 작품을 모두 제치고 그날의 상금을 먹었다(브라보!).

그런데 그걸로 끝이었다. 다음 날도 그 다음 날도 심혈을 기울인 나의 언어유희는 채택되지 않았다. 너무 약했나? 그럼 좀 더 강한 걸로 나가자. 기사 원고용지 아랫부분에 단어들을 빽빽이 적어놓고 퍼즐을 풀고 있는데, 지나가던 선배가 웃으며 한마디 했다.

"이제 그만하지."

그 선배의 말을 부장이 듣고 찔끔했던 건지, 얼마 안 되었던 사재가 바닥난 건지 '제목 상금'은 일주일을 못 넘기고 슬그머니 사라졌다.

이벤트가 끝난 날, 아쉽기도 하고 씁쓸하기도 해서 입사 동기들과 술을 마셨다. 술자리의 주제는 '참을 수 없는 제목의 가벼움'이었는데 정작 참을 수 없었던 건 술이었던지라 2차, 3차, 4차를 거치면서 밤새 술병만 가벼워졌다. 다음 날 내게 남은 건 상금을 초

과해버린 술집 영수증과, 숙취와, 술 때문만은 아닌 후회였다.

언어유희, 이건 못 참아

후회할 걸 알면서도, 아니란 걸 알면서도 일단 눈에 보이면 견디기 힘든 일이 있다. 다이어트를 하고 있는 사람에게 치맥처럼, 네 살배기 아이에게 마트의 장난감처럼, 제목 언어를 다루는 편집자에겐 '말장난'이 그중 하나다. 장난 같은 말을 안 만들면 되지 않나, 의아해 할 수 있지만 그게 말만큼 쉽지 않다. 예를 들자면 이런 것이다.

미국에는 잊을 만하면 한 번씩 허리케인이 들이닥쳐 난리가 나곤 한다. 집이 통째로 사라지고 트럭이 뒤집히고 마을은 쑥대밭이 된다. 신문 사진으로 혹은 TV 영상으로 많이들 봤을 것이다.

2017년엔 상륙도 하기 전에 미국을 벌벌 떨게 한 엄청난 위력의 허리케인이 발생했는데, 그 이름이 '어마'였다. 이런 허리케인은 태평양 건너 한국에까지 영향을 미친다. 이름으로 신문 편집자들의 마음을 흔든다. 듣는 순간 누구나 떠올릴 법한 형용사가 떠오르고, 누구나 떠올리는 말이라면 결코 좋은 제목이 될 수 없다는 생각에 편집자는 고개를 젓는다. 아니야. 기사를 다시 읽고 위성사진을 보는데 자꾸 그 단어만 생각이 난다. 아니라니까, 절대 그런 제목은 달지 않아. 애써 두 번 부정할 정도면 이미 진 것이다. 머리는 저항하고 있지만 손으로는 그 제목을 타이핑하고 있는 자신을 발견하게 된다.「어마어마한 '어마'」

관련 기사와 사진이 등장한 그해 9월 7~8일, 뉴스 편집자들은 이 '어마어마한' 유혹을 참았을까 못 참았을까.

「어마어마하게 커진 허리케인 '어마'」(역시나 - 〈경향신문〉)

「하비 저리가라… 어마어마한 허리케인 '어마'」(바로 쓰기는 민망했던지 그 직전에 상륙했던 허리케인 '하비'를 끼워 넣었다 - 〈조선일보〉)

「'어마'무시한 또 다른 공포」(어마무시란 표현도 있었네 - 〈서울경제〉)

「어마어마한 허리케인 '어마' 주말께 플로리다 상륙」(〈헤럴드 경제〉)

「이름 때문인가… '어마'어마한 허리케인」(고민하다가 아예 이름 때문이라고 이실직고했다 - 〈국민일보〉 인터넷판)

「허리케인 어마, 엄마야! 놀란 미국」('어마'에 '엄마'를 연결시킨 걸 어떻게 봐야 할지 - 〈서울경제〉 인터넷판)

아재 제목의 추억

신문사 편집부 기자들의 모임인 한국편집기자협회에선 매달 우수한 지면을 선별해 '이달의 편집상'을 시상하고, 그해의 마지막엔 따로 '한국편집상'을 뽑는다. 이건 상 받아야 해, 스스로 생각한 편집자나 편집부가 신청을 하면 편집 경력을 가진 심사위원들이 적격 여부를 판단한다. 편집 전문가들끼리 '이거 괜찮네' 하고 상을 주는 것이다.

편집에 대해 나름 연구하던 시절(오늘의 제목상 사건 직후), 어떤 제목이 편집상을 받았는지 과거 수상작들을 찬찬히 살펴본 적이 있다. 그런데 뜻밖에도 동음이의어로 만든 '조어'가 많다는 사실에 당황했다. 예전에는 언론사의 분위기 자체가 워낙 무거웠던지라 이런 스타일조차 파격적인 시도로 본 것일까. 어찌 보면 재치 경연대회 같고 달리 보아도 술자리 농담 같은 언어들이 초보 편집자의 마음을 어지럽혔다. 이건 아닌데, 하는 생각을 지울 수 없었다.

그리고 세월이 흘렀다. 세월은 무엇이든 지운다 했던가. 제목으로 산전수전, 몸도 마음도 찌들어버린 중년의 편집자가 되어서는 생각이 바뀌었다. 출품하는 지면이 아닌 일상적 편집에서라면 '아재 제목'도 괜찮지 않나, 타협하게 된 것이다. 뻔하디 뻔한 제목보다야 고민의 흔적이라도 보이는 말장난이 낫다. 헛웃음이 나올지라도 말이다. 마음을 비우고 과거의 제목들을 다시 떠올려 봤다.

「竹이네」
- 멋진 풍경으로 소문난 대나무 숲을 소개하며

「죽이네」
- 맛이 끝내주는 죽 요리들을 나열해놓고

「세상 시름 茶 잊고 가네」
- 전라남도 보성의 차밭을 소개하는 여행 기사에

이 정도의 말 만들기는 아재 제목의 고전이라 할 만하다. 정치면에서는 정치인들의 이름이 요긴하게 쓰인다. 초등학교에선 이상한 이름을 가진 아이가 놀림감이 되지만 정치의 세계에선 이름이 어떻든 그 사람의 행동과 연결한다.

「안철수 또 철수」
- 이 제목 한번 안 쓴 신문사는 없을 듯

「盧는 "Go" 高는 "No"」

- 노무현 정부 시절인 2004년, 각료 제청권을 둘러싸고 노 대통령과 고건 총리가 맞서는 상황에서 나온 제목. 한자와 영어가 총동원됐다.

「高, 스톱」

- 고건 총리의 이름에는 편집자의 상상력을 자극하는 뭔가가 있나. 2007년 대선 불출마를 선언했을 때의 제목. 믿기지 않지만 1면 헤드라인이었다. 도박 용어를 신문 1면 톱으로 쓰다니, 이 신문 대단하다.

「쓰리 GO!」

- 방금 내 말을 비웃듯, 이런 헤드라인도 있었다. 고건 총리가 삼고초려했을 때? 아니다. 이승엽이 한 경기에서 홈런 3개를 쳤을 때였다.

이런 류의 제목을 논할 때 빠트릴 수 없는 하나가 있다. 아마도 이름을 비튼 제목 중에는 최고봉이지 싶다. 2005년 9월 대한민국 축구대표팀 감독으로 네덜란드 출신의 딕 아드보카트Dick Advocaat가 선임되었을 때였다. 취임 후 각종 평가전에서 연승을 거두자, 아드보카트 감독의 웃는 얼굴로 1면 전체를 덮은 스포츠 신문이 있었다. 그리고 사진 위에 이렇게 적었다.

「아주 복 가득한 감독」

여기도 저기도 패러디 제목

동음이의어를 활용한 것이 아재 제목이라면, 이미 잘 알려진 말의 연상 작용을 이용하는 '패러디 제목'도 있다. 영화나 드라마, 혹은 개그 프로그램의 유행어 등 독자들에게 익숙한 말에 기대어 제목을 다는 것이다.

2004년 새해 첫날에 고이즈미 준이치로小泉純一郎 당시 일본 총리가 기모노 차림으로 야스쿠니 신사를 기습 참배하는 사건이 있었다. 야스쿠니 신사는 태평양전쟁 전범들의 위패가 있는 곳이다. 일본 총리가 전범을 참배하다니, 주변국들은 분개했고 언론들은 앞다퉈 비난 기사를 쏟아냈다. 다음날 아침 가장 인상적인 제목은 한국 신문이 달았다. 기모노를 입고 근엄한 표정으로 서 있는 고이즈미 총리의 사진 위에 다섯 글자가 쓰여 있었다.

「軍國의 추억」

고이즈미가 봤다면 속마음을 들켜 당황했을 제목이지만, 당시 대한민국의 독자들은 또 다른 카타르시스를 느꼈을 것이다. 바로 그 전년도에 개봉했던 영화 〈살인의 추억〉 때문이다. 일본 총리는 자신이 살인범과 동일시됐다는 걸 알았을까.

패러디 제목은 이처럼 상황에 따라서는 편집적 효과를 극대화할 수 있다. 하지만 이것 또한 남발하면 아재 제목과 같은 류가 되어버린다. 2016년 개봉한 영화 〈곡성〉이 만들어낸 유행어, 귀신 들린 딸래미의 외침을 각 신문사들이 어떻게 패러디했는지 보자.

「순혈이 뭣이 중헌디!… 다문화 연예인 뜬다」 (연예 기사는 기본 - 〈문화일보〉)

「제사, 뭣이 중헌디… 치킨도 괜찮여, 가족이 화목해야지」 (제사와 귀신, 연관이 있다 볼 수 있으니 통과 - 〈동아일보〉)

「언니들 손맛 말고 뭣이 중헌디」 (요리 기사에도 - 〈경향신문〉)

「재테크의 핵심, 뭣이 중헌디」 (경제 기사에도 - 〈한국경제〉)

「노동장관 '뭣이 중헌디'」 (정부 비판에도 - 〈한겨레〉)

「군대 가는데 뭣이 중헌디」 (군대 기사까지 - 〈서울경제〉)

「"김연경 막는 순간, 미끼를 확 문 것이여"」 (스포츠 기사엔 그 영화의 또 다른 유행어도 동원됐다 - 〈조선일보〉)

매체와 기사를 막론하고 유행어를 붙이기만 하면 제목이 되는

것처럼 달았다. 하나 더. 2017년 인기리에 방영된 '프로듀스 101'
의 테마곡으로 국민가요가 된 노래가 있는데, 이 또한 모든 신문
들이 같은 제목을 외치게 만들었다.

「미래 클래식 이끌 주인공은 나야 나」(음악 영재들도 – 〈동아일보〉)
「제2의 메시, 나야 나」(축구 선수는 물론 – 〈경향신문〉)
「휴가철 국민 내비 앱, 나야 나」(내비게이션도 – 〈서울경제〉)
「용산 vs 뚝섬, 최고급 아파트, 나야 나」(부동산도 – 〈조선일보〉)
「네 마음 훔칠 해변, 나야 나」(휴가지까지 외쳤다 – 〈서울신문〉)

　이런 식으로 패러디 제목을 마구 쓰면 안 된다는 듯 말하고 있
지만, 자백하겠다. 그 제목, 1면에 쓴 사람이 나야 나. 정부가 마련
한 벤처 기금을 놓고 투자 회사들 사이에 쟁탈전이 벌어졌다는 기
사였다. '쟁탈전=나야 나' 공식이 적용될 수 있었으나 그런 흔한
표현은 자존심이 허락하지 않았다. 하지만 기사의 한 부분, '경쟁
하는 회사가 101곳'이라는 문장을 읽는 순간 나도 모르게 그 노래
를 흥얼거리고 말았다.
　「8300억 나랏돈 풀리자, 벤처투자 101곳 "나야 나"」
　'프로듀스 101(101명이 경쟁하는 아이돌 서바이벌 프로그램)'을 아

는 독자라면 한번 웃고 넘겼을 것이고 몰랐더라도 무심히 지나쳤을 거라고 믿고 싶다.

드물지만 조금은 수준 있어 보이는, 문학적인 패러디도 쓰인다. 4년 동안 꼴찌만 하던 여자농구팀 금호생명이 극적으로 시즌 우승을 이룬 날, 서로 얼싸안고 환호하는 선수들의 사진과 함께 이런 제목이 달렸다.

「이날을 보려, 4년을 울었나 보다」

서정주 시인도 '국화 옆에서'가 여자농구 경기에 인용될 줄은 모르셨을 것이다.

내가 아는 패러디 제목 중에 최고를 꼽으라면, 영화 〈식스 센스The Sixth Sense〉(극장 앞에서 '브루스 윌리스가 귀신이다'고 말한 사람이 테러리스트인가 아닌가, 화제가 된 적이 있다)가 공전의 히트를 기록했을 당시의 제목이다. 어느 신문 문화면에 납량 특선 영화들을 소개하는 기사가 실렸다. 한국 귀신, 일본 도깨비, 중국 강시, 서양 유령 등 전 세계의 귀신 캐릭터를 총망라한 사진들 위에 이렇게 적어놓았다.

「이래도 안 무서우면 당신이 귀신이다」

근데, 분명히 존재했던 지면인데 지금 그 신문사 홈페이지에서 검색하면 찾을 수가 없다. 존재하지 않는다고 나온다. 등에 식은 땀 한 방울.

뇌의 자기방어 본능과 기자의 가슴

나를 포함해 많은 신문 편집자가 아재 제목과 패러디 제목의 유혹에 사로잡히는 이유는 단순하다. 쉽기 때문이다. 편집자들은 매일 제목 달기의 고통을 감내하려 하나, 고통을 피하려는 두뇌의 본능은 언어유희 기재를 작동시키거나 남이 만들어놓은 틀에 올라타려 한다. 때로는 못 이기는 척 그 본능에 순종한다. 하지만 기자의 가슴을 지닌 모든 편집자는 알고 있다. 아재 제목도 '아재 개그'처럼 순간의 웃음과 가벼운 감탄을 줄 수는 있을지 몰라도 사람들의 마음 안쪽에 짙은 의미를 남기기는 힘들다는 것을.

편집자는 기사 앞에 어떤 자세로 서 있어야 하는가. 앞쪽에서 '어마'라는 재난적 허리케인에 달린 아재 제목을 이야기했으니, 또 다른 재난 기사의 제목으로 마무리하려 한다. 예전 신문업계의 한 유명 인사가 '오늘 신문을 통틀어 모든 기사의 내용이 이 사진 제목 하나만 못하다'고 극찬했던 제목이 있었다. 기록적인 폭우로 한강이 순식간에 범람하는 바람에 일가족을 포함한 많은 사람이 희생됐다는 보도가 실린 지면이었다. 만수위滿水位로 몰아치는 '어마어마한' 물살의 한강 사진을 메인으로 잡았고, 그 아래 구석에 작은 사진 제목이 적혀 있었다.

「울며 흐르는 滿水 한강」

2

인터뷰 제목,
원더우먼도 놀랐다

신문 편집자들이 쉽게 보고 달려들었다가 때때로 낭패를 보는 기사가 있다. 취재원의 말로 승부가 판가름되는 인터뷰 기사다. 말만 추려서 요약하면 제목이 되지 않나, 생각할 수 있지만 현실은 다르다. 하나 마나 한 말만 늘어놓는 사람이 있고, 무슨 말인지 모를 말을 하는 사람도 있다. 후배들은 묻는다. "인터뷰 기사의 제목은 반드시 취재원이 한 말 그대로를 써야 하나요?" 인터뷰 제목에 대한 질문이니, 인터뷰 형식을 빌려 답하겠다.

(인터뷰)어: 갑작스런 요청이었는데 인터뷰에 응해줘서 고맙다.

(인터뷰)이: 맨날 책상에만 붙어있는 게 지겨웠는데 오히려 내가 고맙다. 뭐든 물어보라. 성심성의껏 답하겠다.

어: 인터뷰로 밥 벌어먹고 사는 사람으로서 묻는다면, 인터뷰 기사의 제목이 어떤 식으로 달리는지 궁금하다. 인터뷰이가 한 말 그대로를 제목으로 사용하나?

이: 제목으로 밥 벌어먹고 사는 사람으로서 답한다면, 기본적으로는 그렇다.

어: 그렇다면 묻겠다. 문재인 정부가 박근혜 정부에서 결정한 사드 배치의 절차적 정당성 문제를 제기해 미국과 갈등을 빚은 적이 있다. 당시 미국의 국방 예산을 담당하던 상원 원내총무가 방한해 한국 기자단과 인터뷰를 했는데, 기억하는가?

이: 시간이 좀 지난 일이라…….

어: 그날의 기사와 신문 지면을 가지고 왔다. 보라.

이: 음, 신문을 보니 알겠다. 내가 제목을 달았다.

어: 다음 날 대부분의 신문들은 1면에 「한국이 원치 않으면 9억 달러 사드 예산 다른 데 쓸 수 있다」는, 상원의원의 말 그대로를 제목으로 올렸다. 그런데 당신네 신문은

「'한국이 원치 않으면 사드 뺄 수 있다' 시사」라고 제목을 달았다. 그는 '사드 뺄 수 있다'라고 말한 적이 없다. 하지도 않은 말을 한 것처럼 보도한 건데, 이건 뭔가?

이: 질문이 좀 공격적이다.

어: 뭐든 물어보라고 하지 않았나.

이: 좋다. 당시엔 그 말이 나온 상황적 맥락이 더 중요하다고 판단했다. 미국 상원 원내총무는 인터뷰에서 '사드 예산을 다른 쪽에 쓸 수 있다, 고 문재인 대통령에게 말했다'고 했다. 그게 무엇을 의미하는 거겠나. 기자들은 그 말이 뜻하는 바를 이해했겠지만 일반 독자들은 바로 알기 힘들다. 그는 미국의 입장에서 한국 문재인 정부의 사드 정책에 항의하러 온 것이고, 국방 예산을 주무를 수 있는 그가 한 말은 일종의 경고였다. 단순히 미국 상원의원이 예산과 관련해 개인적 의견을 밝힌 게 아니라는 거다. 미국이 한국 대통령에게 '계속 이러면 사드 빼겠다'는 말을 한 것으로 봐야 한다.

어: 의미를 정확히 짚었다는 데는 동의한다. 하지만 해설 기사가 아니라 인터뷰 기사다. '사드 빼겠다' 직언을 한 것으로 보일 수 있는데, 그럼 조작 아닌가?

이: 조작으로 느껴질 정도면 인터뷰를 한 당사자가 가만히 있겠는가. 인터뷰의 자세한 내용이 기사에 있지 않나. 독자들은 바보가 아니다. 신문의 신뢰와 관련된 문제다. 말한 의도를 정확히 전달하기 위한 목적으로만 편집자가 개입하는 거다.

어: 그래서 큰따옴표도 사용하지 않고 '시사'라는 표현을 뒤에 붙였나? 나름 조심을 한 건가?

이: 인터뷰 기사의 제목이라고 해서 반드시 큰따옴표를 넣어야 하는 것은 아니다. 말보다 그 말이 시사하는 바가 더 중요하다면 큰따옴표를 빼고 갈 수 있다. 상황에 따라서는, 개인적인 의견이지만, 인터뷰에서 나온 말 자체를 아예 무시한 제목도 가능하다는 입장이다.

어: 인터뷰 기사의 제목인데 인터뷰 자체를 무시한다니, 언뜻 이해가 되지 않는다. 어떤 상황을 말하는가?

이: 예를 들어보자. 우리 신문의 취재기자가 원더우먼을 단독 인터뷰했다. 이게 웬 특종이냐 싶어 따로 특집 지면을 준비했는데, 막상 마감 시간이 다 돼서야 들어온 인터뷰 기사는 쓰나 마나한 수준이다. 지구를 지켜야 한다는 둥 슈퍼 영웅들이 힘을 합쳐야 한다는 둥 뻔하디 뻔

한 말뿐이다. 편집자는 절망한다. 하지만 지면을 비워서 내보낼 수는 없지 않나. 마음을 다잡고 취재기자가 찍어 온 현장 사진을 챙긴다. 기사가 별 볼 일 없다면 사진이라도 볼 일 있게 키우자는 판단에서였다. 편집자는 사진 모니터에 전송된 사진을 한참 동안 들여다본다. 매력적이다. 편집자가 남자여서 어쩔 수 없다. 빨려 들어갈 듯 쳐다보는데 문득 그녀의 손에 눈길이 간다. 어, 이건 뭐지? 사진을 200퍼센트 확대한다. 아름다운 손가락에 반지가 끼워져 있다. 100퍼센트 더 확대한다. 아니, 이 문양은… 놀라기도 잠시, 편집자의 입꼬리가 살며시 올라간다. 다음 날 이 인터뷰 기사의 제목은 뭐겠나?

어:　서민을 위한다면서 명품 반지 낀 원더우먼?

이:　원더우먼, 슈퍼맨 반지를 끼고 나왔다!

어:　눈길은 끌겠다.

이:　특별 취재팀의 추가 취재가 필요하다. 슈퍼맨이 원더우먼 반지를 끼고 있다는 게 확인되면 대박이지 않겠나? 로이스*의 심정은 또 어떻겠나. 물론 그쪽에도 인터뷰

---

* 슈퍼맨의 연인. 일간신문 〈데일리 플래닛〉의 사회부 기자다.

팀을 보내야겠지. 생각해보라. 편집자가 사진에서 잡아
낸 뉴스가 세계적인 특종으로 이어지는 거다. 퓰리처상
감이다. 정작 편집자는 퓰리처상은커녕 편집상도 못 받
겠지만.

어:	웬 퓰리처상? 요즘은 연예 기사에도 퓰리처상을 주나?

이:	웬 연예 기사? 슈퍼 히어로 둘이 사귄다는 거다. 지구의
	운명에 영향을 줄 수 있는 대형 뉴스다.

어:	무슨 말을 하는 건가? 영화 〈원더우먼〉의 배우 갤 가돗
	을 인터뷰했다는 설정 아니었나? 그리고, 모르나 본데
	그녀는 유부녀다.

이:	당신은 상상력이 부족하다. 편집자는 못하겠다.

어:	당신의 논리는 비현실적이다. 취재기자로는 위험하다.

이:	인터뷰 기사라도 상황에 따라선 전혀 다른 제목이 나올
	수 있다는 거다.

어:	영화 이야기는 됐고, 다시 현실로 돌아오자. 뻔한 내용
	의 말은 제목이 될 수 없다고 했는데, 내용이 없어도 말
	자체가 중요할 수 있지 않나? 정치인들의 말은 아 다르
	고 어 다르다.

이:	맞다. 아 다르고 어 다른 말을 빙빙 돌려서 하는 통에

도대체 무슨 말을 하는 건지 이해할 수 없는 정치인들이 많다. 이런 동문서답형 정치인들의 말은 제목으로 올리기조차 힘들다. 일단 말이 너무 길기 때문이고, 중간 중간 생략해 줄여놓으면 무슨 말인지 모를 제목이 된다. 그래서 단어나 표현을 조금 수정해 말이라도 되게끔 만들면, 내가 언제 그런 말을 했냐면서 항의를 한다. 난감하다.

어: 정치인들의 모호한 말을 독자들에게 '통역'할 필요가 있다는 건가?

이: 개떡같이 인터뷰해도 제목은 찰떡같이 달아야 한다. 하지만 알다시피 개떡은 찰떡이 될 수 없다. 고민하는 편집자만 떡이 된다. 그래서 이재명이나 홍준표 같은 사람들이 인기를 얻었는지도 모르겠다.

어: 방금 홍준표라고 했나?

이: 그 사람 말은 달 그대로 써도 제목이 된다. 편집자의 수고를 덜어준다. 물론 실을 가치가 있는지가 문제지만.

어: 문재인 대통령기 미국 CBS 방송과 인터뷰를 한 적이 있다. 당선 후 첫 언론 인터뷰이기도 해서 꽤나 화제가 되었는데, 당신네 신문은 「문대통령 "김정은이 핵으로

뻥치고 있다"」는 헤드라인을 올렸다. 그런데 다른 신문
에선 '뻥쳤다'는 말을 했다는 기사나 제목이 한 줄도 없
었다. 찰떡 같은 제목을 위해 편집자가 뻥친 건가?

이: 질문에 감정이 담긴 듯하다.

어: 미안, 표현이 과했다. 바꿔 묻겠다. 편집자가 약간의 단
어 수정을 한 건가?

이: 내가 기억하기로는 '뻥'이라고 제목을 단 신문이 한 군데
더 있었다. 그건 그렇고, 당신이 봤다는 다른 신문들에선
문 대통령이 '뻥' 대신 어떤 단어를 쓴 것으로 적었나?

어: 한 신문은 '김정은 위원장이 허세를 떨고 있지만'이라
고 했고, 또 한 신문은 '허세를 이어갈 테지만'이라고 썼
다. '블러핑bluffing을 하고 있다'라고 영어 표현을 쓴 곳
도 있었다.

이: 문 대통령은 분명히 CBS 앵커에게 김정은 관련 발언을
했고, 신문은 인터뷰에서 나온 말을 그대로 써야 한다
는 당신 주장대로라면…

어: 잠깐. 말을 끊어서 미안한데, 내가 그렇게 주장한다는 건
아니다.

이: 그럼 '누군가의 주장'대로라면, 정답은 하나고 나머지는

다 틀렸다는 건데. 어느 신문이 정답을 썼을 것 같나?

어:　문 대통령이 해외 언론과의 공식적인 인터뷰에서, '뻥 쳤다'라는 '홍준표스러운' 표현을 했을 것 같지는 않다.

이:　대통령이 그런 말을 하지도 않았는데 제목에 '뻥'을 칠 간 큰 편집자는 없다. 당신이 그 제목에 관한 질문을 할 것이라고 미리 알려줘서, 그건 고마웠다. 나름대로 자료를 좀 찾아봤다. 당시 CBS 방송의 풀 버전 영상과 청와대에서 공개한 인터뷰 전문을 보면, 문 대통령은 "김정은이 겉으로는 핵과 미사일로 뻥을 치지만"이라고 분명히 말했다.

어:　그럼 당신 신문이 맞고 나머지는 틀렸다?

이:　내가 지금껏 얘기한 걸 뭘로 들은 건가? 독자들의 이해를 위해 편집자가 개입할 수 있다고 하지 않았나. 대통령이 '뻥'이라는 예상 밖의 표현을 쓴 것 또한 그 자체가 뉴스가 된다고 판단하면 그대로 쓰는 것이고, 아니라면 '허세'나 '블러핑'으로 순화시킬 수 있는 것이다. 이 사안을 가지고 말하자면 모든 신문이 다 맞다.

어:　무슨 말인지 알겠다. 당신 말대로라면 지금 이 인터뷰도 우리 쪽의 판단이 개입할 수 있다는 건데, 우리 편집

자가 어떤 제목을 달지 궁금하지 않나. 당신이 불편해할 제목이 나올 수도 있는데.

이: 인터뷰에 응했을 때는 요청하는 쪽의 성향이나 의도를 어느 정도는 알고 하는 거다. 원더우먼이 왜 기자 앞에 슈퍼맨 반지를 끼고 나왔겠나?

어: 알겠다. 기사와 제목이 어떤 식으로 나가든 상관하지 않겠다는 의미로 받아들이겠다.

이: 뻔한 제목만 아니라면 괜찮다. 마음껏 창의력을 발휘해보라. 모든 익숙함은 편집자의 적이다.

3

조윤선의 한숨을
놓친 기자들

2017년 1월 9일 '최순실 국정농단' 7차 청문회

"조윤선 증인, 지금도 블랙리스트가 없다고 생각하십니까?"

"의원님… 직원들이 특검에 가서…"

"물어보는 건 이거예요. 지금도 블랙리스트가 없다고 생각하냐는 거예요."

"어… 직원들이…"

"지금도 블랙리스트가 없다고 생각하는지 물어봤습니다."

"의원님, 저는 그렇게 생각하지 않습니다."

"블랙리스트가 있는 것 맞죠?"

"의원님, 직원들이… 특검에…"

"증인, 블랙리스트가 있는 것 맞죠?"

"지금 특검에서 조사를 하고 있고… 그 전모가…"

"그것부터 대답하세요. 블랙리스트가 있는 것 맞죠? 존재하는 것 맞죠?"

"의원님, 제가, 아까 말씀드린 것과 마찬가지로…"

"증인, 블랙리스트가 존재한다는 거 맞죠?"

"제가 그 부분에 관해서 지난번…"

"조윤선 증인, 다시 묻겠습니다. 조윤선 이름의 명예를 걸고 말씀하세요. 블랙리스트가 존재하는 게 맞습니까 안 맞습니까?"

"어후……"

"누가 만들었는지 누가 폐기했는지 모르지마는, 블랙리스트가 존재했던 게 맞아요 안 맞아요?"

"지금 특검에서 조사를 하고 있는데…"

"특검 말하지 마시고, 증인이 아는 걸 말하세요. 블랙리스트가 존재하는 게 맞아요 안 맞아요?"

"조사를 하고 있는 내용이… 언론에…"

"조윤선 증인. 증인, 제가 어려운 말 물어보는 거 아니에요. 하나만 물어볼 거예요. 블랙리스트 존재합니까?"

"정치적 성향에 따라… 배제됐었던 사례가… 있는 것으로…"

"사례가 아니라, 문서로 된 블랙리스트가 존재하는 게 맞아요 안 맞아요?"

"조사 과정에서 그런 문서가 있었다는… 진술은 있었던 것으로…"

"증인, 솔직하게 말하세요. 블랙리스트 존재하는 거 맞아요 안 맞아요?"

"하아……"

"조윤선 증인, 블랙리스트가 존재하는 게 맞아요 안 맞아요? 그게 없으면 질문할 이유가 없잖아요."

"특정 예술인들을 지원에서… 배제했었던 사례가 있었던 것으로 파악이…"

"사례를 물어보는 게 아니잖아요? 리스트를 물어보는 거잖아요."

"어떤 내용으로 된 건지는… 아직 조사가 완료가 안 돼서…"

"그건 저도 알고 있어요. 그걸 물어보는 게 아니에요. 문건으로 된 블랙리스트, 존재하는 게 맞아요 안 맞아요?"

"지금 여러 가지 정황으로 봤을 때…"

"증인, 조윤선 증인. 어려운 말 물어보는 게 아니잖아요. 문건으로 된 리스트가 존재하는 게 맞아요 안 맞아요?”

“예술인의 지원을 배제할 명단이… 있었던 것으로, 여러 가지 … 사실에 의해서… 밝혀지고 있는 것 같습니다.”

“다시 물어볼게요. 블랙리스트가 존재한다 안 한다. 예스, 노. 어 느 게 맞아요? 존재한다, 존재하지 않는다.”

“하아……. 예술인들의, 지원을 배제하는 그런 명단은 있었던 것 으로, 판단이 되고 있습니다.”

2017년 1월 9일 조윤선 전 문화체육관광부 장관이 국정농단 청문회에서 문화계 블랙리스트의 존재를 처음으로 인정했다. 당 시 국민의당 이용주 의원의 5분여에 걸친 집요한 질문은 ‘조윤선 의 영혼까지 털었다’는 평가를 받으며 세간의 화제가 됐다. 한국 정치사에서 두고두고 회자될 이 장면을 다음 날 신문들은 어떻게 보도했을까.

결정적 표현에 기사가 산다

‘조윤선의 인정’은 거의 모든 신문의 1면과 종합면에 비중 있게 실렸다. 문제는 제목이었다. 같은 사건인데 제목이 다 달랐다. 오직 한 신문만이 현장의 분위기와 조윤선의 심정까지 함축해 헤드라인에 담았다. 단어 하나가 있고 없고의 차이였다. 각 신문의 제목들을 살펴보자.

「블랙리스트 마지못해 실토한 조윤선」〈경향신문〉

「17차례 호통 질문에 조윤선, 질린 듯 "있던 것으로"」〈국민일보〉

「18번 물은 이용주… 버티던 조윤선 무너져」〈동아일보〉

「'블랙리스트 있나' 18번 묻자… 조윤선 그제야 시인」〈조선일보〉

「"블랙리스트 있나" 17번 묻자, 조윤선 한숨 쉬며 "있었다"」
〈중앙일보〉

「조윤선, 18차례 추궁 끝에 블랙리스트 존재 시인」〈한겨레〉

「알지도 못한다던 조윤선, 블랙리스트 존재 인정」〈한국일보〉

마지못해, 질린 듯, 버티던, 그제야, 한숨 쉬며, 추궁 끝에. 하나의 사실을 보도하는 데 쓰인 표현이 어쩌면 이렇게 제각각일 수 있을까. 질문이 17번이었는지 18번이었는지 팩트조차 다르다(뭐든 명백히 해야만 직성이 풀리는 분들은 글 앞부분으로 돌아가서 세어보세요). 자, 이 표현들 중 현장의 분위기와 조윤선의 심정을 담았다는 제목은 무엇일까. 바로 '한숨 쉬며'다. 결정적 동사 하나. 다른 신문들이 '어쩔 수 없이'라는 상황에만 주목할 때, 이 신문의 편집자는 현장감과 감성까지 '한숨'에 녹였다.

TV로 생중계 됐고 방송 뉴스를 통해 재탕 삼탕 종일 돌려진 영상이었다. 왜 다른 편집국에선 조윤선의 한숨을 못 본 것일까. 취재기자가 빠트린 걸까, 편집자가 놓친 걸까. 기사에 없더라도 제목을 만들어내는 과정에서 잡아낼 수 있지 않았을까. 여러 생각들이 스쳤다.

뭔가 부족해, 이대로는 안 되겠어

차별화된 편집과 제목은 편집자의 불만에서 시작하는 경우가 많다. 돌발 뉴스나 특종이 아니라면 편집회의에서 지면 계획이 정해질 때 기사의 내용을 짐작할 수 있다. 많은 편집자들은 취재부의 기사 계획을 참조해서 제목의 틀을 잡아놓는다. 하지만 막상 전송된 기사를 접하면 십중팔구 실망한다. 기사 내용이 기획안에 못 미치거나, 기획안대로 쓰였다 해도 제목의 틀을 넘어서는 '플러스 알파'가 없는 경우가 많다.

뭔가 부족해, 이대로는 안 되겠어. 그런 생각이 드는 순간부터 편집자의 역량은 발휘된다. 지면의 허전함을 채울 수 있는 적확한 단어 하나를 찾아 나서는 것이다. 인터넷 포털을 뒤지고 유튜브와 구글을 검색하며 기사와 관련한 모든 자료를 훑는다.

조윤선 청문회도 마찬가지다. 인터넷에 올라온 동영상을 검색했거나 TV 뉴스라도 신경 써서 들여다봤다면 그 '한숨'을 놓쳤을 리 없다. 다른 요소를 빼는 한이 있더라도 현장감을 살려주는 그 동작을 제목에 넣었을 것이다. 열 말이 필요 없는 동사 아닌가. 그러니 '기사에 없어서 못 썼다'라는 말은 편집자의 변명이 될 수 없다. 신문의 제목에서 기사에 있고 없고는 낮은 차원의 문제다.

팩트·맥락 반반, 현장감 많이

이런 식의 얘기가 나올 때 가장 먼저 '한숨' 쉴 사람들은 정치 외교 관련 지면의 편집자들이지 싶다. 리드에서 핵심을 짚어주며 시작하는 기사도 있지만 대부분은 읽으면 읽을수록 제목 뽑기가 난감해지는 것이 이런 분야의 기사다. 여기서 이런 일이 있었고 저기선 저런 일이 있었는데 그걸 놓고 누가 이러쿵 하니 다른 누구는 저러쿵 했으며 그에 대해 모 대학의 아무개 교수는 요러쿵 평가했으며… 라는 식의 기사를 강판 시간 5분 전에 출고해 편집자를 환장하게 한다.

팩트의 나열 속에서 무엇이 뉴스인지 순발력 있게 잡아낼 수 있다면 일단 성공이다. 그런데 그것만으로 제목이 완성되지는 않는다. 여기에 '플러스 알파'를 가미하느냐 못하느냐에 따라 펄떡펄떡 살아 뛰는 제목이 되기도 하고 힘없이 죽어버리는 기사가 되기도 한다. 플러스 알파라는 말에 벌써부터 머리가 지끈거리는(창작의 모든 고통은 여기서 시작한다) 사람들이 있을 것이다. 그러나 너무 어렵게 생각할 필요는 없다. 앞에서도 강조했듯이 '현장감'이라는 비교적 간단한 알파가 있다. 몇 가지 예를 들어보자.

보통의 제목: 「북한의 미사일 발사 보고받은 트럼프, 긴급회견」

플러스 알파: 「"김정은이 쐈답니다" 보고받은 트럼프,

　　　　　한밤 긴급 회견」

보통의 제목: 「트럼프 "중국이 북핵 도와주면 무역 인센티브 줄 것"」

플러스 알파: 「북핵 도와주면 중국의 이득은? 묻자,

　　　　　트럼프 "무역이다"」

보통의 제목: 「방한한 우다웨이, 미국의 대북 군사행동 가능성 타진」

플러스 알파: 「"미국이 북한 때릴 것 같은가?"… 한국에 캐묻는 중국」

기사가 왜 이 모양이지? 이 제목, 달아놓고 보니 2퍼센트 부족해. 그런 생각이 들면 팩트를 다시 뒤지고, 그래도 뭔가 안 나오면 숨은 맥락이 있나 없나 찾고, 그것도 만족스럽지 않으면 현장감을 살려주는 디테일을 찾으면 된다. 완벽하지는 않더라도 대개의 경우 처음보다는 발전한다. 기억하자. 팩트·맥락 반반, 현장감 많이.

때론 편집자의 개입이 지나치게 기사 내용을 벗어나서 욕을 먹을 수도 있다. "트럼프의 보좌관이 정말로 '김정은이 쐈답니다'라는 말을 했어? 왜 기사에 없는 말을 제목으로 다는 거야? 그리고, 노련한 외교 전문가인 우다웨이가 '북한을 때린다' 같은 표현을 했을 리가 없잖아?" 비판하는 데스크도 있을 것이다. 그런 분들에겐 기사도 제목도 밋밋해서 읽히지도 못하고 죽는 지면을 선물하고 싶지만, 독자들을 생각해서 참자.

무미건조한 기사에 바싹 마른 제목을 달 바에야, 조금 불편하더라도 양념이 넘치는 제목이 낫다. 시행착오를 겪고 경험이 쌓이다 보면 넘지 않아야 할 선도 보이고, 메마른 팩트 사이에 숨어 있는 촉촉한 제목들도 보일 것이다.

(그러는 너는 보이냐고 물으면, "제목엔 노력이 필요하다는 의미다."라고 대답할 텐데, 예스냐 노냐, 보인다 안 보인다로 답하라며 18번 되묻는다면 "하아…… 나도 안 보인다. 하지만 언젠가는 보일 것이라 믿고 있다."고 말하지 싶다)

4

제목 테러

독자가 보낸 이메일

오늘 아침 〈조선일보〉를 보고 충격을 받았습니다. '한국경제, 서서히 죽어가는 암에 걸려있다'라고 적혀 있더군요. 아무리 높은 사람들이 그런 얘기를 했더라도 〈조선일보〉만큼은 제대로 된 제목을 뽑아야 하지 않나요. 그런 소리를 그대로 옮겨 적으면 어떡합니까. 우리 집엔 현재 암 환자가 2명 있습니다. 신문을 본 암 환자의 심정이 어떻겠습니까. 이런 제목은 암 환자들에겐 정서적 테러와 다르지 않습니다. 그리고 지금은 암 완치율이 얼마나 높은데

'서서히 죽어간다'니요. 한국의 대표 신문에서 암 환자들의 희망을 꺾는 이런 소리를 해도 되는 겁니까. 아침부터 이 제목에 분개하고 있습니다. 이미 발행한 신문이라 어쩔 수 없다면 인터넷에서라도 기사를 내리든지 제목을 수정해주세요. 그리고 담당자는 꼭 피드백을 주기 바랍니다.

제목으로 독자에게 상처를 주다

2017년 11월 20일자 〈조선일보〉는 'IMF 20년' 기사를 1면에 실었다. 1997년 한국이 국제통화기금(IMF)에 구제금융을 요청한 날은 11월 21일이었지만, 그 날짜엔 다른 신문들도 관련 기사를 쓸 것이므로 하루 앞서 기획 기사를 내보내기로 한 것이었다. 20년 전 충격적인 소식을 직접 발표했던 임창렬 전 경제부총리를 인터뷰했고, 시민들과 경제전문가를 대상으로 지금의 경제 상황을 어떻게 보는지 여론조사를 실시했다.

1면 제목은 임 전 부총리의 인터뷰 내용에서 뽑아야 했다. 보통 현직에 있는 정부 인사들은 언론과 인터뷰를 할 때 말을 빙빙 돌리는 반면 손해 볼 일이 상대적으로 적은 전직 인사들은 직설적인 표현을 즐겨 쓴다. 편집자로선 '그때 그 사람들'이 반가울 수밖에 없는데, 이날도 그랬다. 임 전 부총리는 "외환 위기가 일시적 급성 질환이라면 지금 한국 경제의 병은 만성질환이다. 서서히 죽어가는 암에 걸렸다."고 했다. 그만큼 경제가 위험한 상황이라는 비유였다. 서서히 죽어간다? 지면의 임팩트를 추구하는 편집자로선 놓칠 수 없는 표현이다. 「"한국경제, 서서히 죽어가는 암에 걸려있다"」는 그렇게 나온 제목이었다. '죽어가는 암'이라는 말이 누군가에게 상처를 줄 거라고는 아무도 생각하지 못했다.

다음 날 독자서비스센터[*]에서 전달한 메일을 보고서야 내가 무슨 잘못을 한 건지 알았다. 얼굴이 화끈거리다가 곧 눈물이 핑 돌았다. 몇 해 전 세상을 떠난 아버지가 떠올랐기 때문이다. 아버지는 암으로 돌아가셨다. 투병 중에 아버지는 '암'이라는 단어가 적힌 인쇄물이면 기사든 광고든 가리지 않고 스크랩을 하셨고, 방송에서도 암이라는 말이 들리면 한마디라도 놓칠세라 귀를 기울이셨다. 치유에 대한 희망을 잃지 않기 위해서였다. 그걸 아는 내가, 그런 제목을 달았다.

항의 메일을 보낸 독자는 '정서적 테러'라고 했다. 그날 나는 전

---

[*] 〈조선일보〉는 독자들의 의견을 듣는 콜센터를 따로 운영하고 있다. 기사에 대한 항의나 격려, 제보 등 독자들의 전화와 메일 등을 받아 〈조선일보〉의 모든 임직원이 볼 수 있도록 하루 단위로 전체 메일을 보낸다.

국의 무고한 암 병동에 폭탄을 던진 셈이다. 얼마나 많은 환자들이 '희생'됐을지 생각하면 지금도 가슴이 아려온다.

부끄러운 제목, 울고 싶은 편집자

신문 편집자는 제목으로 승부하는 직업이다. 기사에 있는 내용 중에 가장 강한 표현을 쓰고 싶어 하고, 기사에 없으면 더 센 말을 찾으려 고민한다. 때문에 때로는 과한 욕심을 부린다. 모든 세상사가 그러하듯 욕심이 지나치면 '화'를 부른다.

2016년 10월 19일, 미국 뉴욕에서나 일어날 법한 사건이 서울에서 벌어졌다. 폭행 신고를 받고 출동한 경찰이 용의자와 총격전을 벌였고 이 과정에서 경관 한 명이 총탄에 맞아 사망한 것이다. 당시 범인은 쇠파이프와 나무를 이용해 자신이 직접 만든 사제총을 발사했다.

편집국은 회의 끝에 이 뉴스를 1면 톱으로 결정했다. 담당 편집자는 자신이 받은 충격파를 독자들에게 전달하는 데 집중했다. 우선은 사진. 범인은 사제 방탄조끼를 입고 있었고 체포 과정에서 맞은 듯 코피를 흘리고 있었다. 경찰들에게 둘러싸인 채 등 뒤로

수갑을 찼으면서도 자신을 향해 들이대는 카메라를 피하기는커녕 고개를 들었다. 뻔뻔했다. 현행범이고 살인범이었기에 얼굴 모자이크 처리 없이 1면에 올렸다.

헤드라인은 압축적이면서도 강해야 했다. '서울에서 총격전이 발생했고 경찰이 사망했다'는 사건의 내용뿐 아니라 '한국에선 일어날 수 없다고 생각한 일이 일어났다'는 의외성까지 담아내야 했다. '서울서 총격전… 경찰이 숨졌다'라고 써보았지만 뭔가 부족했다. 제목의 뒷부분은 '경찰이 총에 맞아 숨졌다'로 해야 정확했다. 하지만 그러면 문장이 길어지고 그만큼 언어적 긴장감이 풀어지는 단점이 있었다. 고민을 거듭하다가 '사살'이란 단어를 쓰기로 했다.

「서울서 총격전… 경찰이 사살됐다」

'사살'이란 단어가 가진 뉘앙스가 마음에 걸렸지만, '일어나선 안 되는 일이 일어났다'는 의미로 받아들여질 수 있다고 생각했다. 한국에서 경찰이 사살되다니, 있을 수 없는 사건 아닌가. 스스로 합리화했다.

다음 날 아침 독자서비스센터엔 업무가 마비될 정도로 항의 전화가 폭주했다. 경찰과 그 가족들, 그리고 많은 독자들이 1면 제목의 '사살됐다'는 표현에 분노했다. 다시 신문을 보니 어젯밤엔 작게 보였던 '사살'의 부정적 이미지가 대문짝만 하게 보였다. 편집자로서 변명의 여지가 없었다. 경찰이 사살됐다고? 지면 욕심에 눈이 멀어, 범죄자에게나 사용하는 말을 순직한 경찰관과 유가족에게 뱉은 것이다. '경찰 사살' 지면이 나간 다음 날 〈조선일보〉의 2면 상단엔 사과문이 실렸다.

경찰 가족께 사과드립니다

　본지는 서울 번동파출소 고(姑) 김창호 경감이 사제 총을 맞고 순직한 사건을 10월 20일자 A1면에 보도하면서 「서울서 총격전… 경찰이 사살됐다」는 제목을 달았습니다. 이에 대해 많은 독자분이 "사살(射殺)은 순직한 경찰관에게 쓸 수 있는 표현이 아니다."는 의견을 전해왔습니다.

　'사살되다'의 사전적 의미는 '활이나 총 따위에 맞아 죽다'(국립국어원 표준국어대사전)입니다. 현직 경찰관이 사제 총에 맞고 숨진 충격적 사건을 전달하기 위해 '사살'의 사전적 의미에만 초점을 두다가 이 말이 실생활에서는 부정적인 어감으로 사용되고 있는 점을 고려하지 못했습니다.

우리나라 경찰들은 선진국보다 적은 인원으로 격무에 시달리면서 국민의 안전을 위해 불철주야 노력하고 있습니다.

사실은 어려운 환경에서도 묵묵히 맡은 바 임무에 최선을 다하는 경찰관들의 입장을 충분히 헤아리지 못한 사려 깊지 않은 표현이었습니다. 김 경감 유족을 비롯해 경찰 관계자와 가족, 독자 여러분께 깊이 사과드립니다.

무거운 신문, 가벼운 제목

신문은 어린아이부터 노인까지 모든 사람들이 보는 매체다. 이 말이 활자화 되었을 때 독자들이 어떻게 느낄까, 세심하게 살펴야 한다. 그렇지 않으면 앞에서의 예처럼 '제목 참사'가 벌어진다.

2015년 11월 30일 국회가 한중 FTA 비준안을 통과시켰다. 여야는 대신, 피해를 보는 농어촌을 지원하는 명목으로 기업들로부터 매년 1000억 원씩 10년간 1조 원의 기금을 걷기로 합의했다. 기업들이 알아서 갹출하라는, 황당한 발상이었다. 당시 편집자는 의원들의 결정을 비판하는 1면 톱기사에 「1조 '삥뜯기 기금'」이라는 제목을 달았다. 기사의 내용과도 맞아떨어지고, 국회의원들에게 불만이 많은 기업인들과 독자들이 속 시원해 할 표현이었다. 그러나 '뺑뜯다'라는 속어를 신문에, 그것도 1면 헤드라인으로 쓸 수 있느냐는 문제가 있었다. 저녁 편집회의에서 다수의 부장들이 신문의 격에 맞지 않는다고 지적했다. 신문은 무거울수록 좋다는 지론을 가진 어느 부장은 '이 무슨 가벼운 짓이냐'는 듯 혀까지 찼다. 결국 제목은 「알아서 내라는 1조 기금」으로 바뀌었다.

속어 사용에서 한발 더 나가, 욕설을 지면에 어떻게 처리할 것이냐는 문제도 있다. 유명 인사가 공개적인 자리에서 욕을 했다고 하자. 그 사람의 돌발 행동을 기사로 쓸 수 있으나 구체적으로 어떤 욕을 했는지는 신문에 실을 수 없다. 대개는 'XX'라는 표시로 해당 단어를 숨긴다. 하지만 판단하기 애매한 경우도 있다.

2015년 5월 22일 할리우드의 유명 배우인 로버트 드니로가 뉴욕대(NYU) 예술대 '티시 스쿨' 졸업식에서 축사를 했는데, 첫마디를 뱉자마자 학생들이 환호했다. "Graduates, you made it. And, you're fucked."라며 욕을 섞은 것이다. 너무 민망해서 입에 담기도 힘든 이 언어를, 시사주간지 〈타임〉을 비롯한 미국 언론들은 '올해 최고의 졸업식 축사'라며 기사에 담았다. 이 뉴스를 한국의 신문들은 어떻게 보도했을까. 한날 나온 신문의 제목이 모두 달랐다.

「여러분은 이제 완전히 망했습니다」〈조선일보〉

「예술의 길 가는 여러분, 엿 됐습니다」〈중앙일보〉

「졸업생 여러분, 이제 X됐습니다」〈동아일보〉

「예술인 여러분, you're fucked」〈문화일보〉

〈중앙일보〉는 기사에서조차 'f—cked'로 표기해 단어를 가린 반면 〈문화일보〉는 'fucked'라고 제목으로 큼지막하게 달았다. 어떻게 해야 영어 욕설의 느낌을 좀 더 실감나게 표현할까, 생각하고 또 생각하다가, 한국어로는 뭐라고 해도 이 말을 대신할 수 없으니 원문대로 가자, 판단했을 것이다. 가볍게 적은 듯 보이는 제목에도 편집자의 무거운 고뇌가 담겨 있다.

잘못 선택한 그래픽이 준 악몽

신문의 표현엔 언어뿐만 아니라 그래픽도 포함된다. 사진으로 표현할 수 없거나 사진보다 강렬한 이미지가 필요할 때는 일러스트를 활용하는데, 그림이 어떻게 보이느냐에 독자들은 민감하게 반응한다. 노인 정책과 관련된 기사에 들어간 그래픽에 어르신들이 추레한 모습으로 그려졌다면 당장 항의 전화가 온다. 일제의 만행을 고발하는 기사 일러스트에 일본군이 다소 준수하게 표현 됐어도 독자들은 화를 낸다.

2016년 11월 21일 '최순실 국정농단' 사건에 대한 검찰의 수사 결과 발표가 신문에 실린 날, 〈조선일보〉는 「"최순실과 공범"… 헌 정 첫 피의자 대통령」이라는 제목 아래 박근혜 전 대통령의 캐리 커처를 1면에 그렸다. 며칠째 계속 박 전 대통령의 모습이 메인 사 진으로 나갔던 터라 이번에는 캐리커처로 차별화해보자며 쓴 그 림이었다. 문제는 디테일이었다. 박 전 대통령의 굳어 있는 표정 을 흑백의 붓 터치로 세밀하게 살리다 보니, 보기에 따라서는 험 상궂은 느낌을 줄 수도 있었다. 박 전 대통령은 웃을 때 외에는 눈 매가 살짝 날카로운데, 그 부분도 지나치게 사실적으로 묘사됐다. '공범' '피의자'라는 단어가 그림 바로 위에 제목으로 적혀 있다는 사실을 감안했어야 했다.

다음 날 독자센터엔 항의 전화가 빗발쳤다. "보수 언론이란 데 서 대통령을 그렇게 묘사할 수 있느냐." "범죄자 몽타주 같다." "잘 못은 했지만 국가원수인데 이렇게 욕보여도 되느냐."는 비판이 대 부분이었다. 심지어는 "〈조선일보〉가 다른 이득을 보려고 이러는 거냐."는 의심도 있었다. 〈조선일보〉를 구독하는 독자들 중엔 나 라가 어지러울수록 언론이 중심을 지켜주었으면 하는 분들이 많

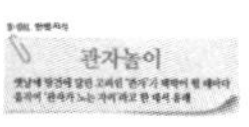

2016년 11월 21일자 〈조선일보〉 1면

다. 이런 독자들의 마음을 미리 살피지 못한 책임이 컸다.

신문사엔 기사와 제목이 문제가 되었을 경우 그 책임을 지는 편집국장도 있고 편집부장도 있다. 개개인의 기자들은 자신이 맡은 일만 성실히 수행하면 될지도 모른다. 하지만 기사 한 줄, 제목 한마디, 그림 한 점에 사람들을 배려하는 마음이 없다면 그 신문은 독자들로부터 멀어지게 된다. 당장은 아니겠지만 결국은 외면당한다.

"당신들이 신문에 적는 단어 하나, 표현 하나가 얼마나 중요한지 알고 일해야 한다." 1면에 '죽어가는 암' 제목을 쓴 기자라며 사과 전화를 드렸을 때, 이 말을 잊지 말라며 독자가 한 말이다.

5

타율 5할의 편집자

러시아월드컵 독일전의 기적

"선배는 몇 대 몇에 거실 거예요? 빨리 결정하세요."

밤 10시 30분, FIFA랭킹 1위 독일과의 러시아월드컵 토너먼트 마지막 경기를 30여 분 앞두고 스포츠부의 후배가 판돈을 내라며 다그쳤다. 월드컵 빅매치 때마다 되풀이되는 편집국의 전통이다. 내기 상황판을 보니 벌써 30명이 넘게 참여했다. 축구에선 도박사들의 예측이 가장 정확하다는 팩트로 볼 때 오늘의 경기는 하나마나다. 애국심으로 1만 원을 기부하겠다는 몇 명을 제외하고 모두 독일의 승리에 걸었다. 점수도 3점차 이상의 참패가 유력했다. 판돈에 눈이 먼 어떤 후배는 0 대 7이라고 써냈다. 이건 좀 심했다.

경기는 새벽 1시쯤 끝날 예정이었다. 그 시간이면 윤전기가 인쇄를 마무리하는 단계라 바로 기계를 잡는다고 해도 의미 있는 부수를 찍기는 불가능했다. 하지만 월드컵 조별 예선의 마지막 경기 결과를 신문에 넣지 않는 것도 문제였다. 결국 마지막 10만 부를 남기고 미리 윤전기를 세워놓기로 결정했다. 경기가 연장전으로 이어진다면 그 10만 부도 포기해야 했다. 더 기다리다가는 신문이 나와도 배달을 할 수 없는 상황이 되기에 어쩔 수 없었다. 하지만 연장전? 그건 전후반을 비겨야 가능한 얘긴데, 독일과? 편집국은 한국이 졌다는 뉴스를 10만 부 찍는 것으로 야근이 끝나리라 예상했다.

예상을 깨는 첫 골이 터진 건 전후반 90분이 지나고 추가 시간이 적용된 후반 48분이었다. 야근 편집자는 환호하면서 공포를 느끼는, 새로운 경험을 했다. 이기면 1면을 다 바꿔야 하잖아. 미리 예비판을 만들어놓긴 했지만 독일을 이기는 경우는 대비하지 않았다. 1면 톱으로 가야 할까? 지면 배치를 고민하는 순간, 또 한 번 야근자들의 함성. 1면 톱이라니까, 명령이라도 하듯 한 골이 더 들어갔다. 2 대 0, 이거 실화냐.

네 번째로 1면 지면을 바꾸는 54판 개판이 시작됐다. 53판까지 톱이었던 「문대통령 "답답하다" 규제혁신회의 취소」 기사는 아래로 내렸고, 다른 1면 기사들도 대폭 잘라내면서 지면 상단에 5단 크기의 공간을 만들었다. 두 번째 골을 넣은 손흥민과 선수들이 뒤엉켜 세리머니를 하는 장면이 4단 메인 사진 자리를 메웠다. 기사의 분량도 미리 정해놓았으므로 스포츠부에서 출고하면 지면에 흘리고 강판하면 될 것이었다. 문제는 헤드라인이었다. 주심이 경기 종료 휘슬을 불자마자 CNN을 비롯한 외신에서 브레이킹 뉴스를 띄웠다. 「한국이 독일을 꺾었다」, 「독일 16강 탈락」, 「월드컵의 기적」, 「대이변」 놀란 제목들이 쏟아졌다.

다수의 국민들이 이 경기를 본 상황에서 한국의 아침 신문 헤드라인은 외신의 제목보다 한발 더 나가야 했다. 2002 월드컵 4강 때도 독일한테는 지지 않았나. 한국 축구 역사상 최대의 이변이라 할 수 있는 경기를 한마디로 묘사하고 싶었다. 하지만 어떤 수식어를 떠올려도 신선하지 않았다. 월드컵 때마다, 올림픽 때마다 보아왔던 표현들이었다. 머리를 비우고 고민의 방향을 바꿔야 했다. 경기가 끝난 순간, 독자들은 어떤 생각을 했을까. 뭐라고 했을까.

기사가 전송되기 직전, 퍼뜩 스치는 말이 있었다. 제목을 써 넣은 후 대장쇄를 뽑아 황급히 편집부장에게 보였다. 지면을 바라보던 부장이 고개를 끄덕였다. "그래, 이걸로 가보자."

「정말 이겼습니까」

2018년 6월 28일자 〈조선일보〉의 1면 헤드라인은 그렇게 만들어졌다.

(그날 편집국에 쌓인 판돈은 누가 가져갔을까. 이변의 스코어를 맞힌 기자가 있긴 있었을까. 딱 한 명 있었다. 한국이 독일을 2 대 0으로 이긴다고 예언한 노스트라다무스는 놀랍게도, 편집국장이었다. 소식을 들은 기자들은 1면 제목에 빗대 '정말 국장입니까'라며 경악했다. 판돈은 그 밤 고생했던 스포츠부의 회식비로 쾌척되었다는 후문이다)

독자의 무릎을 쳐라

편집자들이 가장 선호하는 지면을 꼽으라면 두말없이 스포츠다. 중요한 경기는 방송으로 중계되기 때문에 편집자와 취재기자가 같은 지점에서 출발하고, 그래서 기사와 제목이 동등하게 경쟁할 수 있는 유일한 지면이다. 편집자의 제목이 기사를 압도한다면 기사에 그 내용을 추가할 수 있고, 반대로 기사의 관점과 묘사가 더 뛰어나다 판단되면 편집자는 주저 없이 제목 공간을 내줘야 한다. 취재기자와 편집자의 페어플레이는 지면의 수준을 높이고, 혜

택은 독자들이 누린다.

취재기자는 경기가 끝난 후 기사를 구성하고 분량을 채워야 하기에, 제목으로만 승부한다고 보면 편집자가 훨씬 유리하다. 그만큼 편집자의 역량을 쉽게 파악할 수 있는 지면 또한 스포츠면이다.

"스포츠 편집자는 말이에요. 못해도 5할은 쳐야 됩니다."

오래전 스포츠 지면을 처음 맡았을 때 담당 데스크가 내게 한 말이다. 이틀에 한 번은 제목으로 안타를 쳐야 한다는 의미였는데, 여기서 '친다'의 대상은 공이 아닌 독자의 무릎이다. 제목을 보고 독자들이 감탄하며 무릎을 쳐야 편집자의 안타로 기록된다. 스포츠 지면을 편집하는 내내 이 '타율 5할'의 압박 속에 살았다.

드라마틱한 경기가 이틀에 한 번꼴로 나오면 얼마나 좋을까. 하지만 현실은 생각보다 메마르다. 명승부의 가뭄 속에 스포츠면 편집자가 '안타'를 치기 위해서는 별의별 비유와 상상력을 죄다 동원해야 한다. 종목과 상황에 따른 스포츠 제목의 세계로 들어가 보자.

「골대 무정」

홍콩 액션 느와르 영화가 연상되는 이 4자 제목은 물론 축구와 관련됐다. 과거 영국 프로축구 미들즈브러에 입단한 이동국이 데뷔전에서 '동화'를 쓸 뻔했다는 스토리가 담겨 있다. 2007년 2월 25일 후반 40분에 교체돼 그라운드에 선 이동국이 그림 같은 논스톱 발리슛을 날렸다. 프리미어리그 데뷔전 데뷔슛 데뷔골을 만들 뻔한 이 공은 그러나, 골문으로 빨려 들어가는 듯하더니 '텅' 하고 골포스트를 맞고 튕겨 나왔다. 머리를 감싸 쥔 이동국의 기분이 어땠을지. 아, 무정한 골대여!

「골 대신 속만 터진 밤」

아쉬운 경기라면 이 날만 했던 게 있을까. 2004년 4월 파라과이와의 축구 평가전에서 한국은 10번이 넘는 슛을 날리고도 0대 0으로 비겼다. 이을용의 강슛이 골대를 때렸고, 코너킥한 공이 상대 수비의 머리를 맞고 들어가나 싶더니 이 또한 골대를 맞혔다. 골대를 맞고 튕겨 나온 공을 유상철이 다시 헤딩했지만 골대를 스치며 빗나갔다. 하늘이 파라과이를 도우나 싶은 날이었다. 중계 아나운서는 연신 '골 결정력 부족'을 탓했다. 마지막에 드디어 안정환이 골을 넣나 했는데, 헛발질하며 경기가 끝났다.

「산소탱크, 공중폭발」

'골대 징크스' 하면 이 선수도 피해갈 수 없다. 맨체스터 유나

이티드 시절의 박지성이다. 어떤 시즌은 넣은 골보다 골대를 맞힌 숫자가 더 많았다. 하지만 박지성은 괘념치 않았다. 그것 또한 실력이 부족한 탓이라며 웃어넘겼다. 그러던 2007년 2월, 박지성이 보기 드문 골로 징크스를 날렸다. 종횡무진 그라운드를 누비던 '산소탱크'가 자기보다 한 뼘이나 큰 키의 수비수 위로 날아올라 헤딩골을 넣은 것이다. 이 공중폭발은 맨유 경기장의 관중들을 폭발시킨 다음 바다 건너 한국 축구팬들에게까지 연쇄 폭발을 일으켰다.

「오늘밤 한 사내는 운다」

멜로드라마가 아니다. 축구다. 2002년 브라질과 잉글랜드의 월드컵 8강전이 열리는 날 아침 신문의 제목이다. 사실상의 결승전으로 불렸던 이날 경기는 당대 최고의 축구스타였던 베컴과 호나우두의 맞대결로 축구팬들을 흥분시켰다. 제목 아래에는 베컴과 호나우두의 얼굴 사진이 펼쳐져 있었다. 그런데 그날 밤 운 사내는 누구였을까. 아시다시피 2002 월드컵의 우승팀은 브라질이다.

「내일은 없다」

이제 야구로 넘어가자. 2003년 10월 2일, 프로야구 삼성 라이온

즈의 이승엽은 롯데와의 정규리그 마지막 한 경기를 남기고 55개의 홈런을 기록하고 있었다. 일본의 오 사다하루(왕정치)가 1964년에 세운 아시아 최다 홈런 기록과 동률이었다. 국민들은 신기록을 바랐지만 며칠째 터지지 않았다. 그리고 마지막 날 아침 신문의 제목. 정말이지 이승엽에게 내일은 없었다.

그렇다면 그날 밤 이승엽이 56호 홈런을 때렸을 때, 이 편집자는 어떤 제목을 달았을까.

「39년을 기다려온

위대한 포물선,

넘어갔다

넘어섰다

너의 웃음은 이제

역사다」

폭죽이 터지는 그라운드를 웃으며 돌고 있는 이승엽의 사진, 그 위에 시를 썼다.

「방패가 창을 찔렀다」

이게 가능한가. 물리 법칙을 뒤집는 이 제목은 슈퍼볼 경기에서 나왔다. 2003년 1월 27일 열린 미국 프로풋볼리그(NFL) 챔피언결정전. 공격력 1위의 오클랜드 레이더스와 수비력 1위의 탬파베이 버커니어스가 만난 이 경기는 '창과 방패'의 대결로 폭발적인 관심을 모았다. 그런데 아무도 예상 못한 상황이 벌어졌다. '방패' 탬파베이가 '창' 오클랜드의 공격을 5번(슈퍼볼 신기록)이나 가로채기 하며 역공 드라마를 펼친 것이다. 오클랜드 진영은 초토화됐고, '창'은 제대로 써보지도 못하고 부러졌다. 상대의 방패가 더 날카로운 창으로 변할 줄 누가 알았겠나.

「내 등을 보여주마」

뭘 뜻하는 건지 제목만으론 이해가 안 되는 이 지면엔 2장의 사진이 필요하다. 왼쪽 사진. 근육질의 흑인 선수가 힘껏 달려오는 모습을 정면에서 찍었는데 눈동자는 오른쪽을 향해 있다. 오른쪽 사진. 역시 비슷한 체격의 흑인 선수가 전력 질주하는데 눈은 왼쪽을 살피고 있다. 2004년 6월 '세계에서 가장 빠른 사나이' 타이틀을 놓고 팀 몽고메리와 모리스 그린이 육상 100미터에서 격돌한다는 예고 기사의 제목이다.

「바람소리, 풀잎소리, 페달소리, 들리나요」

신문 지면에서 소리가 날 턱이 있나. 때론 공감각적 심상까지 동원한다. 2004년 7월, 알프스의 아름다운 풍경이 지면 가득 펼쳐져 있고 그 아래 들판을 조그맣게 자전거들이 지나가고 있다. 투르 드 프랑스 사이클 경주를 찍은 와이드 샷 위에 제목을 달았다.

전문적인 지면의 딜레마

스포츠 지면에 제목을 달다 보면 이따금 두 갈래 길 앞에서 고민하게 된다. 이런 상황에선 전문적인 용어가 키워드인데 스포츠를 잘 모르는 독자들은 이해하기 힘들 것 같고, 그렇다고 쉬운 말로 고치자니 제목이 밋밋해지는 것 같다. 일반 독자가 먼저냐 단골 독자가 먼저냐의 이 딜레마는 스포츠뿐 아니라 미술, 클래식, 패션 등 문화면에도 해당된다.

나의 경우, 아주 특별한 상황을 제외하고는 일반 독자 편에 선다. 스포츠 팬이나 특정 문화의 애호가들이 주로 보는 지면이라 할지라도 신문은 만인을 위한 매체이기 때문이다. 물론 기사도 그래야 한다는 뜻은 아니다. 전문인들의 지적 호기심을 채워주는 기사도 필요하다. 읽고 또 읽어도 이해가 되지 않아 물어보고 찾아보고 다시 기사를 봤을 때 아하, 또 다른 세계를 만나게 되는 기사가 한두 건 정도는 있어도 괜찮다. 하지만 제목의 영역은 다르다. 특정 문화를 즐기지 않는 사람도 신문을 보고 '이런 세계도 있구나, 새롭구나, 재밌구나' 느낄 수 있게 만들어야 한다.

「13번홀 악성 슬라이스 티샷 후 보기로 막아, 그후 버디 이글」

이 제목을 읽고 경기의 드라마가 느껴진다면 당신은 골프 팬이다. 하지만 골프를 잘 모르는 독자들에게 이 지면은 넘겨야 할 종이일 뿐이다. 그렇다면 이렇게 바꾸면 어떤가.

「절망의 13번홀… 그때, 반전이 시작됐다」

골프를 몰라도 뭔가 사건이 벌어졌다는 걸 알 수 있다. 독자는 기사를 읽어보는 과정에서 골프의 대역전극을 즐길 수 있다. 누가 알겠는가, 훗날 이 독자가 열성 골프 팬이 될지.

문화면도 마찬가지다. 한 대의 피아노를 두 사람이 연주하는 연탄聯彈 콘서트를 다룬 기사에 아래와 같은 제목이 달렸다면, 어느 쪽 기사를 읽고 싶을까.

「피아노 연탄, 듀엣 앙상블에 1만 청중 열광」

「20개의 손가락, 1만 개의 가슴을 적시다」

　문화면 중에서도 특히 미술, 클래식, 연극 기사에 달린 제목들을 보면 추상적인 수식어의 만찬 같다. 기사 자체가 추상적일 수밖에 없기에 이해는 가지만, 추상적인 기사의 제목은 정반대로 아주 구체적으로 가야 독자들의 시선을 끌 수 있다. 2018년 광주 비엔날레를 안내하는 두 신문의 문화면 제목을 보자.

　「경계를 넘어 하나가 되려는 몸부림」
　「상상된 경계를 넘어 예술로 시대를 논하다」

　'상상된 경계들'이라는 비엔날레의 주제를 알리는 데 초점을 맞추었지만 하나같이 손에 잡히지 않는 언어들이다. 특별히 인상적인 작품이 없나 싶어 기사를 읽어봤다. 5만 개의 초코파이로 만든 작품이 눈에 들어왔다. 개성공단의 북한 노동자들이 초코파이를 즐겨 먹은 데서 착안했단다.

　「5만 개의 초코파이를 쌓아 남과 북 경계를 넘다」

　이랬으면 어땠을까. 더 많은 독자들이 기사를 읽지 않았을까. 뭘 모르고 단 제목이라고 미술 평론가들이 비판할 지도 모른다. 하지만 전문적인 지면의 편집자는 뭘 몰라야 한다. 뭘 몰라야 어려운 기사에 쉬운 제목을 달 수 있고, 그래야만 어려워하는 독자들에게 쉽게 다가갈 수 있다.

‘스포츠 제목 5할 타율론’을 설파했던 그 선배에게 신문 1면의 목표 타율은 얼마가 적당한지 물어본 적이 있다. “1할만 쳐도 강타자.”라는 답이 돌아왔다. 내가 1할은 치고 있는 건가. 지난 10일간의 1면 제목들을 떠올려보니 죄다 헛스윙이다. 오늘 밤엔 연습 구장에 가서 타격 연습을 더 해야겠다.

6

작은 단어, 큰 울림

Size does matter?

신문이 그나마 안녕했던 시절의 이야기다. 편집자들 사이에서는 꽤나 이름이 알려진 선배 한 분이 후배들과의 술자리에서 '편집상 잘 타는 비법'을 공개한 적이 있다. 지면 편집을 잘하는 방법이 아니라 상을 잘 타는 방법이라니. 그런 게 따로 있을까 싶었지만 실제로 존재한다고밖에 다른 생각을 할 수 없었던 것이, 그 선배가 바로 편집상 심사위원이었기 때문이다.

"그러니까 말이야. 아이디어가 가장 중요하겠지만, 형식도 무시할 수 없다는 거야. 세 가지 정도만 얘기해줄게. 첫째, 짧게 때려라. 단어 수는 적을수록 좋아. 제목이 길어지면 임팩트가 떨어져. 제목으로 내용을 전부 이해시키려 하지 마. 어차피 기사가 설명해주니까. 둘째, 최대한 키워라. 제목이 짧으면 공간이 남잖아. 그럼 크기를 확 키워. 사이즈 이즈 매터야(Size does matter를 잘못 말씀하신 듯). 그리고 셋째, 기사를 버려라. 제목보다 기사나 사진이 돋보여선 안 돼. 기사 공간은 최대한 줄이고, 사진이 좋다면 아예 사진에서 톱 제목을 만들어 내는 것도 방법이야.”

“힘줘라, 키워라, 결국은 튀어라. 이런 말이네요. 근데 그거 잘못 활용하면 신문이 이상해질 수 있지 않아요? 전달해야 할 정보라는 게 있는데. 뉴스 가치란 것도 있고.”

“내가 말했잖아. 형식적인 거라고. 그리고, 정보나 뉴스의 가치까지 따져서 편집 심사를 하진 않아. 그러기도 힘들고. 다들 편집을 독립적인 것으로 보지. 그러니까 일단은 눈에 띄는 게 중요해. 뉴스 자체가 중요한 날은 거기에 집중하고, 그렇지 않은 날엔 힘껏 튀어보라는 거지. 뭐 손해 볼 건 없잖아?”

정말일까. 아이디어는 없이 돋보이고만 싶어 하는 후배들을 반어적으로 비꼰 건 아닐까. 다들 반신반의하며 웃어넘겼는데, 다음 날 용감하게도 동료 한 명이 사실 확인에 나섰다.

지방면* 편집을 하면서 톱 제목을 평소의 3배 크기로 키워 데스크에 제출한 거다. 까마득한 후배가 자신 있게 들이민 지면에 사회면 데스크는 황당하다는 표정으로 이렇게 말했다고 한다.

"신문을 삐라로 만들었구먼."

신문 제목의 크기에는 편집자의 가치 판단이 내포돼 있다. 헤드라인을 가장 크게 쓰고, 그 아래 기사엔 중간 크기, 그 옆의 1단 기사에는 작은 크기의 제목을 넣는 건 기사의 중요도가 각각 다르기 때문이다. 이런 편집적인 강약 덕에 독자들은 지면을 펼치기만 해도 어떤 기사가 어느 정도로 다뤄졌는지 바로 파악할 수 있다.

만약 1면 헤드라인의 크기가 평소와는 다르게 엄청나게 커졌다면, 제목 활자는 그 자체로 사람들을 흥분시킨다. 뭔가 큰일이 터진 게 분명해. 독자들은 긴장한 채 기사를 읽게 된다.

「고용 참사」

* 지방의 기사를 모아 만드는 사회면의 마지막 지면. 예전에는 각 지역별로 따로 제작했다.

A라는 신문이 정부 정책의 부작용을 강조하며 이 4자 제목으로 1면 공간을 꽉 채웠다고 하자. 도대체 〈A신문〉과 정부 사이에 무슨 일이 있었던 건지, 사람들은 편집의 의도를 궁금해 할 것이다. 언론 비평 매체에선 '〈A신문〉이 정부와의 전쟁을 선포했다'는 분석 기사를 쓰지 싶다.

반대로 '실업률 역대 최악'이란 충격적인 통계가 나왔는데 이 기사를 1면 아래쪽에 보일랑 말랑한 제목으로 처리했다면 어떻게 생각할까. 〈A신문〉이 정부와 손을 잡았나, 사람들은 술렁일 것이다. 비평 매체에서 'A신문, 정부에 무슨 약점을 잡혔나' 추측 기사를 쓸 수도 있다.

제목의 크기는 함부로 키울 수도 없고, 억지로 키운다고 해도 사람들을 자극하기만 할 뿐 인상적인 지면으로 남지는 못한다. 자극적인 상품은 명품이 될 수 없다. 신문도 마찬가지다. 적정 수준 이상에서 상품성을 결정하는 건 디테일이다. 독자들은 눈에 띄고 튀는 것보다 작아도 은근히 빛나는 것에 매료된다.

못해도 티 나지 않지만 잘하면 지면의 품격을 높이는 것, 편집상 심사위원들은 거들떠보지 않아도 독자들은 보는 그것, 작지만 아름다운 제목들에 대해 얘기해보자.

사진 제목, 작지만 눈을 뗄 수 없는

　사진 제목은 사진의 이해를 돕기 위한 보조 수단이다. 사진이 주연이고 제목은 조연이어야 한다. 그러니 사진보다 돋보여서는 곤란하다. 사진 아래에 들어가는 설명은 사진의 내용과 관련이 있는 취재부서에서 쓰는데, 지면에는 기사 본문(10.8포인트)보다 작은 사이즈(8.8포인트)로 적힌다. 사진 제목은 편집자의 영역이지만 이 또한 사진의 효과를 훼손하지 않기 위해 작은 크기(10포인트)로 정해놓았다. 다만 사진 설명과 구분하기 위해 굵은 고딕 서체를 사용한다.

　작아서 눈에 띄지 않고 꼼꼼하게 설명을 써도 기자명이 표시되지 않기 때문에, 사진 설명과 제목은 홀대를 당하기도 한다. 편집자가 쓰고 싶은 사진을 골라 취재부서에 넘기면 누가 받더라도 십중팔구 그 부서의 막내에게 건네진다. 데스크가 내용을 살펴보고 출고하는 순서도 제일 마지막이다. 사진 제목 또한 맨 나중에 달리는 경우가 많다. 정신없이 바쁠 때는 사진과 설명만 넣고 강판하기도 한다. 제목을 깜박한 것이다. "사진 설명 빨리 보내." 편집국에서 이런 말이 들리면 마감 직전이거나 마감 시간을 넘긴 이후다.

　그런데 본문 활자보다도 작아서 얕보이는 이 사진 제목이 가끔은 독자들의 가슴을 먹먹하게 하고, 때로는 사진을 한참 바라보게 하고, 이따금 깊은 생각에 잠기게도 한다.

　시간을 거슬러 2007년 11월 20일자 아침 신문을 펼쳐보자. 전날 서울에 첫눈이 왔단다. 〈조선일보〉 1면에 눈 사진이 실렸다. 우산을 쓴 두 여인이 밤눈 내리는 서울 명동 거리를 걸어가고 있다. 매년 그 즈음이면 어김없이 실리는 사진이었고, 어느 도시에서나 볼 수 있는 평범한 장면이지만 눈을 뗄 수가 없다. 사진 제목 때문이다.

「느닷없이, 첫사랑처럼, 첫눈이 내렸다」

　느닷없이, 첫사랑의 추억이, 그 옛날 첫눈의 기억이 스친 건 나뿐이었을까. 편집자는 왜 첫눈 사진에 첫사랑을 연결했을까. 첫눈과 첫사랑, 두 단어의 조합은 그와 관련된 기억의 유무와 상관없이 사람들의 마음을 애잔하게 하는 무언가가 있다. 편집자는 그 마법을 알았나 보다.

　기분 좋게 마법에서 깨어나 신문을 넘기는데 어라, 2면에도 인상적인 사진이 펼쳐져 있다. 엘리자베스 영국 여왕 부부가 어제 결혼 60주년을 맞았단다. 엘리자베스 여왕이 남편 필립 공의 팔짱을 끼고 할머니 웃음을 짓고 있다. 그런데 그 옆에 흑백사진 한 장이 나란히 놓였다. 20대의 아름다운 여인이 건장한 영국 신사의 팔짱을 끼고 있는 장면. 여왕 부부가 1947년 신혼여행지에서 찍은 사진이라는 설명이 적혀 있다. 그 2장의 사진 아래엔 이런 제목이 달렸다.

「여왕도 세월을 잡을 수는 없다」

그날 1면과 2면의 사진 제목 '원 투 연타'는 편집자들의 입에 꽤나 오르내렸던 것으로 기억한다. 사진 한 장과 편집자의 눈동자 사이를 메웠던 생각의 편린들이 제목에 묻어 있었기 때문이다.

세월이 흐른 지금의 사진 제목들은 어떨까. 우연히도, 10년이 지난 2017년 11월 21일자 신문이 그때와 판박이다. 1면에는 첫눈 사진, 국제면에 엘리자베스 여왕의 결혼 70주년 사진이 실렸다. 1면부터 보자. 이화여대 캠퍼스에 첫눈이 휘날리고 있다. 그런데 사진을 꽉 채운 아름드리 나무엔 11월 중순인데도 붉은 단풍이 그대로다. 빨간 바탕 위에 뿌려진 흰 점들. 외국인 관광객들이 신기했는지 나무 아래서 사진을 찍고 있다. 이 장면엔 어떤 제목을 넣었을까.

「가을과 겨울이 만난 서울」

페이지를 넘겨 국제면. 91세가 된 엘리자베스 여왕과 96세의 남편 필립 공이 나란히 서서 기념사진을 찍었다. 정면을 바라보는 부부의 표정이 닮았다. 그 옆으로는 약혼, 허니문, 결혼식, 결혼 25주년에 찍은 여왕 부부의 사진들이 세월을 증명하듯 나열돼 있다. 이 사진들을 버무린 제목은 이랬다.

「인내와 유머로 70년을 함께한 이 부부」

10년 전의 사진 제목과 비교해 어떤가. 세월을 잡을 수 없는 건 신문도 마찬가지인 듯하다.

사진 제목은 사진의 보조 역할을 한다고 했지만 상황에 따라선 편집자의 생각을 전하는 수단으로 활용되기도 한다. 그럴 경우 사진 제목은 위치를 바꿔 사진 위쪽에 올라가는 경우가 많다. 조연이 주연보다 눈에 띄는 작품이 되는 것이다.

2017년 11월 10일(현지 시각) 퇴임을 앞둔 버락 오바마Barack Obama 미국 대통령이 시카고 컨벤션센터에서 고별 연설을 했다. 연설 도중 70번의 기립 박수가 있었다고 한다. 청중들은 연설을 끝내고 내려오는 오바마의 손끝이라도 잡아보려는 마음에 일제히 그를 향해 손을 뻗었다. 수많은 시민들에게 둘러싸인 채 같이 손을 뻗

朝鮮日報

chosun.com

서울 흐리고 한때 눈/비 후 아침에 겸 0~5℃ ▶상보 A1면

1920년 3월 5일 창간

2007년 11월 20일 화요일

검찰 'BBK 수사' 法이냐 정치냐

▶관련기사 A3·4면

대선 D-29

"사법적 진실 밝힐것" 말했지만 정치적 판단할 여지 커
'확인된 것'만 발표하나, '…로 보인다'式 해석도 곁들이나

느닷없이, 첫사랑처럼, 첫눈이 내렸다

From 국제언론인협회 / To 한국정부

"盧정부 취재봉쇄 철회하라" IPI 네번째 서한

정부, 북 造船단지에 직접 송전 검토

안변·남포지역… 수천억 비용 타당성 논란 일 듯

美·北 '금융관계 정상화' 뉴욕 회의

에리카 김, 10kg 서류상자 보내

김경준, 주식거래 관련 서류 검찰에 제출

▶관련기사 A3면

2007년 11월 20일자 〈조선일보〉 1면

朝鮮日報

chosun.com

114 구독·배달 080-900-0077 날씨 A33면 음력 10월 4

금 앞세운 '勞治의 그림자'
(노조의 경영 개입)

...히려 했지만 주총에서 부결
...보… 기업 경영권 큰 변수로

분쟁인 ISS(Institutional Shareholder Services)를 비롯한 국내외 의결권 자문사들은 일찌감치 "과거 정치 경력이나 비영리단체 활동 이력이 금융지주 이사회에 어떤 기여를 할 수 있을지 불명확하다"며 일제히 반대 의견을 냈다. 하지만 국민연금은 외부 자문 기구인 의결권행사전문위원회를 거치지 않고 내부 실무자 중심의 기금운용본부 투자위원회에서 찬성 방침을 정하고 의결권을 행사했다.

국민연금은 최근 임원추천위원회 위원 7명 중 2명이 민노총 출신으로 구성되는 등 친(親)노조 행보를 가속화하고 있다. 이런 와중에 한 이사 선임 건에 찬성표를 던진 것은 국내 주요 대기업 지분을 5~10% 이상 보유하고 있는 국민연금이 앞으로 노조의 우군으로 적극적인 의결권을 행사하겠다는 신호탄으로 해석하는 전문가가 많다. 황세운 자본시장연구원 실장은 "국민연금이 정부 눈치를 보면서 주주권을 행사하면 그 비용은 결국 국민이 지게 되는 것"이라며 "앞으로 비슷한 사례 재발을 막으려면 국민연금의 독립성을 높이는 것이 최선"이라고 말했다. 최규민 기자 **기사 A3면**

...택 압수수색
...ㄹ 검찰 소환

...간 최 의원을 소환 조사할 방침이다. 최 의원은 혐의를 부인하고 있다.

국회의원 시절인 2015년 방송 재승인 등을 문제 삼지 않는 대가로 롯데홈쇼핑 측에 자신이 회장·명예회장으로 있던 한국e스포츠협회에 후원금 3억3000만원을 내도록 한 혐의(제3자 뇌물 수수 등)를 받고 있는 전병헌 전 청와대 정무수석은 이날 검찰에 피의자 신분으로 소환돼 조사받았다. 검찰은 전 전 수석이 롯데홈쇼핑 임원에게서 수백만원 상당 기프트카드를 받았고 이 카드 중 일부를 전 전 수석 가족이 쓴 단서도 확보했다. 전 전 수석은 전 비서관 윤모(구속)씨가 롯데홈쇼핑이 협회에 낸 돈 중 1억1000만원을 허위 용역 계약으로 빼돌린 과정에 관여한 혐의(자금 세탁, 업무상 횡령)도 함께 받고 있다. 전 전 수석은 이날 "어떤 불법...

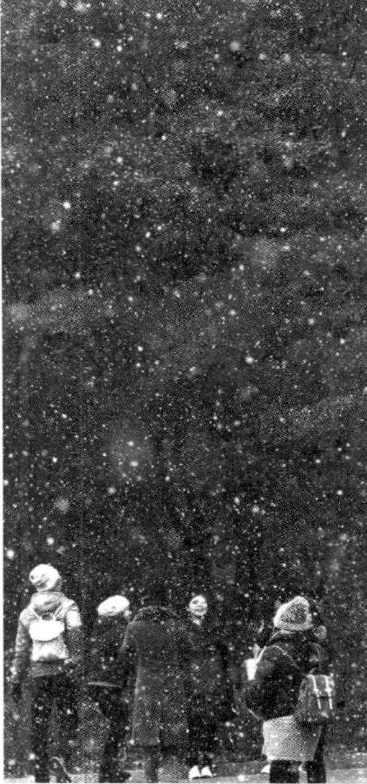

가을과 겨울이 만난 서울 20일 오후 서울 이화여대 캠퍼스에서 외국인 관광객들이 하얀 눈이 내리는 가운데 빨간 단풍을 배경으로 사진을 찍고 있다. 이날 서울, 경기 남부, 강원 영서 남부, 충청도에는 오후 한때 산발적으로 눈이 날렸다. 서울 시민 대부분에겐 이날이 첫눈이었지만, 공식적인 첫눈은 눈발이 잠깐 흩날린 지난 17일 내린 것으로 기록됐다. 21일은 전국이 대체로 맑겠지만 기온이 평년보다 2~5도가량 낮아 추울 전망이라고 기상청은 예보했다.

"MB·朴정부때 세두...
DJ·盧정부땐 중립...

국세청 적폐 판단 공정성 논란

국세청의 적폐 청산 기구인 '국세 행정 개혁 TF'가 이명박 정부와 박근혜 정부에서 실시했던 일부 세무조사만 정치적 세무조사로 판단한 반면 김대중·노무현 정부의 세무조사는 문제가 없다고 판단해 공정성 논란이 제기되고 있다.

국세 행정 개혁 TF는 20일 노무현 전 대통령의 후원자였던 박연차 태광실업 회장에 대한 과거 국세청 세무조사가 "조사권을 남용해 중립성과 공정성을 위배한 소지가 있다"는 중간 점검 결과를 발표했다. 이명박 정부가 지난 2008년 박 회장이 보유한 기업 2곳에 대해 '정치적 세무조사'를 했다고 판정한 것이다. 당시 박 회장에 대한 세무조사는 노 전 대통령에 대한 검찰 수사로 이어졌고, 이 과정에서 노 전 대통령이 스스로 목숨을 끊은 바 있다.

하지만 이번 TF가 정치적 세무조사라고 판정한 5건 모두 이명박·박근혜 정부 때 세무조사여서 공정성에 문제가 있다는 지적이 나온다. 1997년 이후 세무조사 62건을 점검했는데, 김대중·노무현 정부 때 세무조사에는 아무 문제가 없었다고 결론 내렸기 때문이다. 이에 대해

포항시 특별재...

주택 복구비 등 低利 지원

정부가 20일 포항시를 특별재난지역으로 선포했다. 문재인 대통령은 이날 수석 비서관·보좌관 회의를 주재한 자리에서 "(관계 장관 회의에서 올라온) 포항시 특별재난지역 지정 건의안을 재가했다"며 "정부는 모든 행정력을 동원해 신속한 피해 복구와 함께 입시 일정이 차질 없게 최선을 다해 노력하겠다"고 말했다. 문 대통령은 또 "당장은 피해 복구와 수능 실시가 최우선이며 긴급한 일이 끝나면 안전과 재난에 대한 대비를 전면적으로 점검하겠다"고 밝혔다.

포항시는 특별재난지역으로 지정됨에 따라 피해 복구비 중 지자체 부담액의 64.5%를 국고에서 지원받는다. 피해 지역 주민들은 건강보험료 경감, 통신·전기·도시가스·지역난방 요금 감면, 동원훈련 면제 등의 지원을 받는다. 주택 파손...

2017년 11월 21일자 〈조선일보〉 1면

는 오바마의 모습이 외신 카메라에 잡혔다. 한국의 신문 편집자는 이 장면을 보고 할 말이 있었나 보다. 1면에 사진을 싣고, 사진 설명과 전혀 상관없는 제목을 사진 위쪽에 적어놨다.

「우리도 박수 받으며 떠나는 대통령을 보고싶다」

신문에 싣는 모든 사진에 제목을 달아야 하는 것은 아니다. 제목이 필요 없거나 어울리는 제목을 찾을 수 없는 예술 작품의 타이틀을 '무제'라고 정하듯이, 어떤 신문 사진에는 설명만 넣는다. 지진 피해 소식을 전하는 기사에 무너진 건물 사진을 넣었다고 하자. 기사의 제목에 그 건물에 관한 내용이 포함되었다면 굳이 따로 사진 제목을 넣을 필요가 없다. 사진 제목으로 얻는 효과가 없다고 판단되면 빼버리는 게 낫다. 사고로 가장을 잃은 유가족이 오열하는 사진에 '오열'이라고 제목을 넣은 신문을 본 적이 있다. 그 정도면 사족을 넘어 사진 훼손이다.

유가족이란 단어가 나오니 문득 떠오르는 사진 제목이 있다. 언제 실렸던 사진인지는 기억나지 않지만 장면만은 선명하다. 장례 식장으로 보이는 곳에 어린 소녀가 손으로 눈물을 닦고 있다. 아이의 뒤쪽으로 경찰 제복을 입은 사람들이 애처롭게 쳐다본다. 아이의 아빠는 경찰이었고, 최근 입주한 아파트의 대출금을 갚기 위해 야근이든 출장이든 수당이 나오는 일이라면 가리지 않고 지원했다고 한다. 음주운전 단속을 나섰다가 만취 차량에 치인 그날도 동료의 야근을 대신 맡았다. 아이 아빠는 그렇게 세상을 떠났다. 사진에는 이런 제목이 달려 있었다.

「"아빠 또 출장 간 거야?"」

1단 부제, 제목을 완성한다

신문을 보면 제목이 달려 있는 기사 꼭지마다 큰 제목 아래에 작은 제목, 부제가 달려 있다. 부제는 메인 제목을 받쳐주는 역할, 즉 메인 제목이 담아내지 못한 내용을 설명하고 정보를 전달하기 위해 쓴다. 보통은 기사 본문이 시작되는 부분에 1단으로 2줄 또는 3줄을 넣는데, 필요한 경우엔 4~5줄까지 길어지기도 한다.

사진 제목처럼 부제 또한 얕보기 쉬운 존재다. 기사의 내용을 압축하기만 하면 되는 것 아닌가. 모두들 쉽게 생각한다. 하지만 부제를 얼마나 깔끔하게 처리했느냐를 보면 편집자의 내공을 알 수 있다. 쉽게 달 수는 있어도 제대로 달기는 어렵기 때문이다.

우선 글자 수의 압박이 있다. 앞에서도 언급했지만 현재의 가로 6단 체제에서 신문의 1단은 폭 5.6cm의 좁은 공간이다. 1단 부제의 크기는 신문마다 차이가 있겠지만 지면의 통일성을 위해 사이즈를 정해놓고 쓴다. 13포인트(〈조선일보〉의 경우)로 적는다고 할 때 1단에 들어가는 글자 수는 12자 정도가 고작이다. 띄어쓰기까지 감안하면 3~4단어만 써도 꽉 찬다. 넘치는 단어는 행을 바꿔 2줄 3줄 연결할 수 있겠지만, 윗행과 아래행의 글자 수를 비슷하게 맞추지 않으면 남는 공간이 들쭉날쭉해져 지면의 완성도를 떨어뜨린다.

'메드베데프 러시아 총리가 12일 블라디보스토크에서 열리는 쇼스타코비치 110주년 기념 콘서트에 참석할 예정이다'는 기사 내용을 1단 부제로 넣는다고 가정해보자. 한 줄에 12자를 넘겨선 안 되고, 두 줄로 꺾더라도 길이가 비슷해야 한다면 어떻게 달아야 할까. 첫 행에 '메드베데프 러시아 총리'만 적어도 벌써 10자, 그럼 행을 바꿔서 '블라디보스토크 쇼스타코비'까지 적으면 이미 공간이 꽉 차버린다. 예전에 어떤 선배는 '고르바초프 소련 대통령, 노벨 평화상 수상 연설'이란 내용을 1단 제목에 넣으려 고민하다 「고, 노벨 평화상 수상 연설」이라고 적어 전설이 되었다는데, 그 초식을 적용해 '메 총리'라고 줄일 수는 없는 노릇이다(고 씨는 있어도 메 씨는 없다). 자, 당신이 편집자라면 어떻게 하겠는가.

내용을 모두 넣을 수 없다면 우선순위를 정해야 한다. 무엇을 살릴 것인가 보다는 무엇부터 버릴 것인가를 정하는 게 쉽다. 어떤 단어를 버릴까.

메드베데프: 러시아 총리는 한 사람이므로 이름은 필요 없다.

러시아: 러시아는 '러'로 줄여 쓰기도 한다.

블라디보스토크에서 열리는: 뉴스의 흐름으로 볼 때 콘서트 장소가 중요하지는 않아 보인다. 블라디보스토크는 쇼스타코비치와 별 관련이 없기도 하다. 최근 여기서 놀랄 만한 사건이 벌어졌다거나, 메드베데프 총리가 이곳에서의 암살 협박을 받고도 가는 것이라면 중요도가 달라지겠지만.

주: 110주년에서 주는 없어도 된다.

기념: 110년이 있으므로 필요하지 않다.

예정: 12일이란 날짜면 충분하다.

이 단어들을 버리면 '러 총리가 12일 쇼스타코비치 110년 콘서트에 참석'이 남는다. 이제 글자 수와 문맥에 맞게 재배열하기만 하면 된다.

「12일 쇼스타코비치 110년
　러 총리도 콘서트에 참석」

　모든 제목이 그렇듯이 1단 부제도 자연스럽게 읽히는 것이 중요하다. 작은 공간에 단어를 채워 넣다 보면 각 행의 마지막 단어가 모두 명사이거나, 부자연스런 어미로 끊어지는 경우가 많다. 부제를 한 번에 연결해 읽었을 때 문장이 매끄럽지 않다면, 내용을 이해할 수 있다 하더라도 편집의 디테일은 죽었다고 봐야 한다.

　2018년 9월 12일 거의 모든 신문이 '김정은, 트럼프에 2차 정상회담 요청' 기사를 1면에 실었다. 메인 제목은 놔두고 내용이 비슷한 4개 신문의 1단 부제를 비교해보자.

「김 위원장, 2차 회담 공식요청
　백악관, 친서 공개 "일정 조율"
　이르면 10월 중 개최 가능성」〈경향신문〉

「김정은, 친서 보내 정상회담 요청
　백악관 "조율중" 워싱턴 개최 노력
　文대통령 "두 정상 대담한 결단 필요"」〈동아일보〉

「백악관 "金, 트럼프에 친서보내 요청

　볼턴 "연내 가능" 추진 기정사실화

　11월 6일 美 중간선거전 실시 유력」〈세계일보〉

「김정은, 친서 보내 정상회담 요청

　백악관 수용 "일정 조율하는 중"

　미국 중간선거 전 10월 하순께

　워싱턴서 개최될 가능성 거론」〈중앙일보〉

　1면 스트레이트 기사의 부제이다 보니 내용을 하나라도 더 넣으려고 노력한 흔적이 보인다. 하지만 편집 디테일 차원에서 보자면 4개 모두 좋은 점수를 받기는 힘들다. 명사 나열식 구성에다가 행의 마지막 단어까지 명사로, 읽는 흐름을 툭툭 끊어버리기 때문이다. 아름다운 문장을 요구하는 게 아니다. 외교 안보 기사의 단어들로 그런 문장을 만드는 것은 불가능하다. 다만 동사와 접속사, 조사만 잘 활용해도 제목의 완성도가 달라질 수 있다는 걸 지적하고 싶다.

「김정은, 친서로 정상회담 요청하자

백악관, 받아들이며 "일정 조율 중"
美 중간선거 전인 10월 열릴 수도」

사회면의 사건 사고 기사에서도 부제의 역할은 톱 제목 못지않게 중요하다. 독자들은 부제만 읽어봐도 사건 속에 들어있는 스토리를 알 수 있다. 2018년 9월 8일자, 참사로 이어질 뻔한 상도유치원 붕괴 사고 당시 각 신문의 1면 제목은 거의 비슷한 내용이다. 여기서도 헤드라인은 제쳐두고 부제에 명사, 조사, 접속사 등이 어떻게 쓰였는지 비교해보자.

「서울 상도동 유치원 지반 붕괴
 바닥 갈라지는데도 공사 계속
 유치원측서 5차례 민원 제기
 구청 "민원없었다" 해명뒤 말바꿔」〈중앙일보〉

「가산동 지반침하 일주일만에
 상도유치원 붕괴 위험
 두사고 모두 편마암 취약 지반
 업체는 위험 경고에도 보강 않고

행정당국은 민원처리에 '뭉그적'」〈한겨레〉

「상도유치원 지반붕괴 20도 기울어

인근 다세대 공사 흙막이 붕괴가 원인

1주 전 가산동 아파트 싱크홀과 닮은 꼴

지난달 건물 바닥 균열 불구 조치 없어

무리한 공사, 당국 안일한 대처에 인재」〈한국일보〉

「빌라 공사장 흙막이 무너지며

한밤에 인접 상도유치원 붕괴

3시간 전까지도 아이들 머물러

올 3월 붕괴위험 의견서 냈고

지난달엔 벽 바닥 갈라졌지만

업체 감리 구청 모두 조치안해」〈조선일보〉

1면부터 종합면 사회면을 거쳐 문화면 스포츠면 오피니언 지면까지, 놓인 사진마다 인상적인 사진 제목이 달려 있다면, 헤드라인과 부제의 문장들이 매끄럽게 이어지고 쉽게 이해된다면, 그 신문을 대하는 독자들의 눈이 달라진다. 매일 보는 신문이기에 평소에는 느끼지 못할 수도 있다. 하지만 우연히 옆집에 놀러 가서, 혹은 미용실 테이블에 놓인 다른 신문을 펼쳐 읽다 보면 바로 안다. 평생 독자는 그렇게 만들어지지 싶다.

3

신문 편집 이야기

신문이 세상을 바꾼다,
편집이 신문을 바꾼다

朝鮮日報
chosun.com
탄도미사일 동해로 발사
커키가 새로
경북대학교
北, 이란 국민들의 환호를
朝鮮
朝鮮日報
chosun.com
경북대학교
결차 타고 訪中
국가부채 1500兆 넘어 사상 최대
845兆가 공무원·군인연금 부담금
After the Shock, a Need to Share Grief and Loss
The New York Times
THE SHUTTLE EXPLODES
6 IN CREW AND HIGH-SCHOOL TEACHER
ARE KILLED 74 SECONDS AFTER LIFTOFF
Thousands Watch
A Rain of Debris
美 '문대통령
각장 227곳 더

1

오 마이 갓! 챌린저호

전 세계에 생중계된 죽음

미국 플로리다주 메리트 섬. 케네디 우주센터John F. Kennedy Space Center 인근에 따로 마련된 관람장은 아침부터 축제 분위기였다. 전 세계에서 몰려든 취재진과 우주 비행사의 가족 등 수백 명이 우주왕복선의 비상을 기다리고 있었다. 한 방송사의 기자가 노부부에게 다가가 인터뷰를 요청했다. "우리 딸이 저 우주선 안에 있어요." 부부는 자랑스러운 듯 몇 번이나 같은 말을 반복했다. 카메라 주변으로 사람들이 모여들었다. 인터뷰가 끝나자 몇몇이

노부부에게 악수를 청했다. 사람들은 사상 첫 민간인 우주비행사가 된 여교사에 대해 이야기했다.

곧 카운트다운이 시작된다는 안내 방송이 나왔다. 우주선 아랫부분에서 하얀 연기가 피어오르는 것이 보였다. 생중계를 위해 설치된 수십 대의 방송 카메라가 한 방향을 향했고 관람석이 조용해졌다. 10, 9… 뉴햄프셔주 콩고드 고등학교의 학생들이 선생님의 우주 수업을 상상하며 카운트다운을 복창했다. 6, 5… '우리 엄마가 무사히 돌아오게 해주세요' 두 아이가 기도를 시작했다. 2, 1… 관람대의 노부부는 서로의 손을 꽉 잡았다.

정확히 73초 후인 오전 11시 39분 17초. 뉴욕과 버지니아, 서로 다른 신문사 편집국에서 TV 생중계를 지켜보던 두 편집자가 1초 간격으로 커피를 쏟았다. 왜 저런 거야? 무슨 일이지? 설마 하던 상황도 잠시, 여기저기서 탄식과 비명이 터졌다. 누군가 TV의 볼륨을 최고로 키웠다. CNN의 앵커는 믿기지 않는다는 얼굴로 전문가에게 마이크를 넘겼고, NASA 출신의 패널은 잠시 침묵하더니 입을 열었다.

"실패했습니다. 우주선이 폭발했어요."

편집국의 전화벨이 쉴 새 없이 울리기 시작했다. 멍하니 서 있던 두 편집자는 그제서야 사태를 파악했다. 쏟아진 커피가 테이블 다리를 타고 내려와 바닥에 고일 때쯤 양쪽 신문사 모두 비상 편집회의가 소집됐다.

어떻게 보도할 것인가, 어떤 헤드라인을 1면에 걸 것인가. 사진은 뭘 쓸 것인가. 격론, 지시, 반박, 재반박, 재지시, 그리고 정리. 밤 늦게까지 편집국은 뜨거웠고, 새벽에 출근한 청소 아줌마가 바닥에 말라붙은 커피를 닦아낼 즈음, 완전히 다른 1면을 가진 두 신문이 가판대에 올랐다.

먼저 커피를 쏟은 쪽 〈뉴욕타임스〉

1986년 1월 28일 우주왕복선 챌린저호 폭발 사고의 충격은 엄청났다. 사건 후 32년이 지난 지금도 태평양 건너 어느 편집자의 마음을 흔드니 말이다.

당시 챌린저호는 이전의 우주왕복선 발사 때와는 다른 대중적 관심을 불러일으키고 있었다. 역사상 처음으로 공군 조종사 출신이 아닌 일반 시민이 승무원으로 참가했기 때문이다. 고등학교 교사이자 두 아이의 엄마였던 크리스타 매컬리프Christa McAuliffe는 NASA

의 '우주 강의 프로젝트'를 수행하기 위해 선발된 후 연일 언론의 스포트라이트를 받았다. 그녀가 어떤 훈련을 받고 있으며 우주에서는 어떤 강의를 할 건지, 일거수일투족을 전 미국이 지켜봤다고 해도 과언이 아닐 정도였다. 그랬던 그녀가, 역시 미국인들과 아이들이 지켜보는 가운데 비극적인 죽음을 맞은 것이다.

그날 사건을 목격한 미국의 신문 편집자들은 어떤 생각을 했을까. 대표적 정론지인 〈뉴욕타임스〉의 1면 편집을 살펴보자. 당시의 지면을 통해, 비상 편집회의에서 오갔을 대화를 유추해봤다.

"폭발 시점이 방송사마다 다르던데 다시 한번 확인합시다. 기본적인 사실에 집중해주세요. 폭발 원인에 관해선 나온 게 있나요?"

"아직은 없습니다. 조사를 한다고는 하는데 시간이 걸릴 듯합니다."

"학생들이 충격을 많이 받았을 겁니다. 대중적인 관심도 있고, 매컬리프를 1면에 부각시키면 어떨까요?"

"맞습니다. 모두들 그녀 얘기를 하고 있어요."

"그래도 뉴스 가치를 판단해야지요. 우주왕복선이 폭발했다는 사실보다 여교사의 죽음을 앞세울 순 없어요. 안타까운 건 맞지만 뉴스로 보면 지엽적인 부분입니다."

"헤드라인으로 내세우기 부담스럽다면 이건 어때요? 매컬리프를 포함해 희생자 7명의 얼굴을 1면 메인 사진으로 올리는 겁니다."

"미국 전체가 슬픔에 빠져 있는 상황이에요. 감성적인 접근은 최대한 자제합시다."

"그래요. 이 사건의 원인과 파장을 분석하는 게 우선입니다. 희생자들을 추모해야겠지만 그쪽으로 너무 가서는 안 돼요."

"자, 좋습니다. 최대한 침착하게, 기사도 제목도 팩트에 충실합시다."

〈뉴욕타임스〉는 객관적이고 사실적인 보도에 초점을 맞췄다. 다음 날 출근길 뉴요커의 손에 들린 신문엔 이런 헤드라인이 찍혀 있었다.

「우주왕복선 폭발: 발사 74초 후 6명의 승무원과 고교교사 사망」

발생 시점(이후 '발사 후 73초'로 공식 발표되었다)과 사망자 숫자를 앞세운, 전형적인 사고 기사의 제목이었다. 폭발 직전과 직후를 찍은 2장의 사진을 메인으로 올렸고, 크리스타 매컬리프와 승무원 6명의 얼굴은 지면 맨 아래로 내렸다.

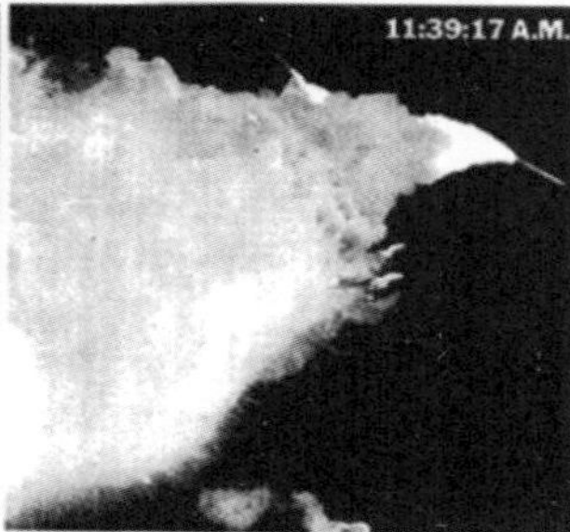

The New York Times

1986년 1월 29일자 〈뉴욕타임즈〉 1면

챌린저호 폭발 사고를 보도한 뉴욕타임스의 1면이다.
신문 하단의 얼굴 사진들 중 맨 오른쪽이 매컬리프다.

그 다음 커피를 쏟은 쪽 〈USA투데이〉

〈뉴욕타임스〉가 편집회의를 한 시각, 버지니아주에 위치한 〈USA투데이〉의 편집국에서도 비상 회의가 열렸다. 하지만 여기서는 뉴욕과는 사뭇 다른 주제가 테이블에 올랐다. 역시 다음 날 발행된 1면을 통해 회의 내용을 추리해봤다.

"다들 사고 장면을 봤겠죠? 자, 내일 아침 1면은 어디에 초점을 맞추는 게 좋겠습니까?"

"폭발 순간이 전국어 생중계됐다는 게 중요합니다. 우리 독자들도 TV를 봤을 텐데, 단순히 폭발 사고의 스트레이트 기사를 올리는 건 의미가 없다고 봅니다."

"맞아요. 〈뉴욕타임스〉나 〈워싱턴포스트〉는 챌린저호가 폭발했다, 7명의 승무원이 사망했다, 뭐 그런 식의 헤드라인을 낼 것이 분명합니다. 우린 다르게 가야 합니다."

"차별화가 필요하죠. 그래서 이 회의를 하는 거구요. 누구나 할 수 있는 얘기 말고, 대안을 제시해보세요. 폭발했다는 제목과 폭발 순간의 사진이 아니라면 대신 뭐가 갈 수 있습니까?"

"독자들이 가장 궁금해 할 사안이 뭘까요? 다들 충격을 받은 상태고, 무슨 일이 일어난 건지는 방송 뉴스를 통해 알고 있을 테고, 왜 이런 일이 일어난 건가, 그거 아닐까요?”

“NASA의 조사 결과가 나오려면 며칠 걸릴 겁니다. 전문가들도 명확한 얘기는 못하는 상황이고요.”

“그렇다면 발사 후 폭발까지의 장면을 한 번에 보여주면 어떨까요? 방송은 못하지만 신문 지면에선 할 수 있잖아요.”

“동영상 캡처 사진을 이어 붙인다면 지면이 조잡해질 수 있어요. 안 됩니다.”

“우리에겐 막강한 그래픽 팀이 있습니다. 그래픽으로 처리하면 가능합니다.”

“1면에 사진 대신 그래픽을 쓴다? 아이디어네요. 가능하면 상세하게, 기사는 최소화하고 그림으로 보여줍시다.”

“그래픽만을 쓴다면 현장감이 떨어질 수 있습니다. 현장 사진도 함께 써야 합니다.”

“매컬리프의 얼굴 사진을…”

“방송에서도 종일 내보낼 테고 다른 신문들도 다 쓸 겁니다. 우리만 보여줄 수 있는 무언가가 필요해요.”

“어떤 방송사에서 매컬리프의 부모 얼굴을 잡았어요. 발사 현장에서 딸의 우주선이 폭발하는 걸 지켜보는 장면인데… 심정이

어떨까 생각하니, 눈물이 나더군요."

"글쎄요. 사고 순간의 유족 사진을 쓰는 건 너무 잔인하지 않나요? 그건 좀 더 생각해보기로 하고, 헤드라인으로 들어가죠. 제목은 뭐가 좋겠습니까?"

"사건 후 하루가 지나서 나오는 신문입니다. 독자들의 가슴에 와닿는 한마디가 필요합니다. 편집부 쪽에서 고민을 많이 해야 할 거예요."

"매컬리프 부모의 사진을 쓰느냐 마느냐에 따라 제목이 달라질 수 있는데요. 만약 사진을 쓴다면 이렇게 갈 수 있습니다."

"어떻게요?"

당시 미국의 유일한 전국지로서 '독자 우선'의 편집 방향을 내세웠던 〈USA투데이〉는 파격을 시도한다. 기사 대신 그래픽과 사진, 제목만으로 1면을 구성한 것이다. 우선 지면 안내 코너를 제외한 1면 전체를 그래픽으로 덮었다. 희생된 승무원들이 조종석의 어느 위치에 앉았는지 챌린저호의 단면도를 통해 보여주고, 발사에서부터 폭발까지의 과정을 10초 단위로 세분해 그림으로 설명했다. 그리고 메인 사진. 폭발 순간을 지켜보는 매컬리프의 부모 사진을 썼다. 헤드라인은 딸의 죽음을 지켜보는 노부부의 얼굴 바로 위에 적혀 있었다.

「"오 마이 갓, 노!"」

그래픽의 힘은 기사보다 강하다

'신문을 이렇게 만들 수도 있구나'

사고 후 10년도 훨씬 더 지난 어느 여름, 신문 공부를 한답시고 찾아간 도서관에서 보게 된 〈USA투데이〉의 1면은 아직도 신선한 충격으로 남아 있다. 기사가 없어도, 한눈에 직관적으로 뉴스가 들어왔다. 1986년의 그날 스티브 잡스가 1면을 편집했다면 이런 식으로 하지 않았을까. 텍스트보다는 이미지로, '세상의 모든 순간을 포착한다'는 인스타그램 스타일의 편집이라고도 할 만하다. 참고로 아이폰은 2007년, 인스타그램은 2010년에 등장했다.

〈USA투데이〉의 '챌린저호 편집'은 크게 2가지 측면에서 현재의 신문 편집에 숙제를 던진다. 우선은 그래픽. 이전보다 많이 나아졌다고는 해도 아직 한국의 신문사 편집국에선 그래픽을 과소평가하는 경향이 있다. 간단한 그래픽 하나로 보여줄 수 있는 내용을 굳이 어려운 용어를 써가며 장문의 기사로 설명한다. 심지어

1986년 1월 29일자 〈USA투데이〉 1면

〈USA투데이〉는 챌린저호 폭발 사고를 실은 1면을 기사 없이
그래픽과 사진으로 처리했다. 왼쪽의 1단은 지면 안내다.

그래픽을 그려놓고도 그 내용을 다시 한 번 기사로 서술한다. 그래픽 자체가 기사라는 생각을 하지 않는 것이다.

특히 복잡하고 특수한 상황의 사건에서 그래픽은 진가를 발휘한다. 2017년 11월 13일 판문점 공동경비구역(JSA)에서 북한군 병사 한명이 총을 맞은 채 귀순하는 사건이 발생했다. 사건 9일 후 유엔사령부는 귀순 당시에 찍힌 CCTV 영상을 공개했는데, 여기에는 북한 병사가 지프를 몰고 북측 '72시간 다리'를 질주하는 장면, JSA 북측 구역에 지프를 세우고 남쪽으로 뛰는 장면, 뒤쫓아온 북한군들이 귀순병을 향해 소총과 권총을 발사하는 장면, 총을 맞고 쓰러진 병사를 우리 군이 포복으로 끌고 나오는 장면이 고스란히 담겨있었다.

영상은 공개된 당일 이미 방송과 인터넷에서 화제가 됐던 터라 다음 날 신문에선 좀 더 진전된 무엇이 필요했다. 독자들은 부분 부분의 영상은 봤지만 JSA라는 특수한 공간에서 벌어진 사건을 전체적으로 이해하지는 못하고 있었다. 넓은 지면을 가진 신문이 보여주어야 할 무엇은 그래픽이었다. 하지만 대부분의 신문은 영상 캡처 사진을 순서대로 나열하고 설명하는 수준에 그쳤다. 〈동아일보〉만이 1면 공간 전체에 대형 그래픽을 그리고 그 위에 사진을 얹어 입체적이고도 직관적으로 사건을 보여줬다. 1면을 다

털어서 쓸 사안이었나, 너무 나갔다는 평도 있었지만 신문은 매일 나오는 매체다. 흔치 않은 사건이 발생했을 때 하루쯤은 '너무 나가도' 괜찮다. 그래픽의 완성도가 아쉽지만, 그래도 〈동아일보〉의 손을 들어주고 싶다.

난해한 경제 기사에도 보기 좋고 세련된 그래픽은 포인트가 될 수 있다. 단순히 기사의 이해를 돕는 차원을 넘어 지면 전체의 분위기를 바꾼다. 글로벌 경제 일간지인 〈파이낸셜타임스〉가 종종 1면에 메인 사진 대신 그래픽을 쓰는 것도 그런 이유에서다. 다른 신문과 차별화하고 기사의 신뢰감을 높인다. 그래서 그래픽의 수준은 그 신문의 수준과도 직결된다. 경영이 어려워졌다고 그래픽 자원부터 줄이는 신문사가 있다면, '야후'를 살리겠다고 '인스타그램'을 파는 꼴이다.

구어체가 가진 힘, 편집자의 지옥은 명사 지뢰밭이다

'챌린저호 편집'이 던진 또 하나의 숙제는 제목의 직관성, 다시 말해 구어체 제목이다. '오 마이 갓'처럼 극단적인 경우가 아니라도 신문 기사의 제목은 한 번에 이해할 수 있어야 하고, 그러려면 일반적인 대화처럼 쉬워야 한다.

쉬운 제목을 달기가 말처럼 쉬운 것은 아니다. 전달해야 할 기사의 내용은 많은데 제목을 쓸 수 있는 지면 공간은 한정돼 있기 때문이다. 기사를 제대로 설명하려면 단어가 하나라도 더 들어가야 하는데 제목 공간은 빡빡하고, 그렇다고 억지로 압축하려 들면 결과는 참혹해진다.

「'北 도발 억지' 美 전략 자산 전개 협의」
「'정유라 특혜대출' 하나은행, 회장 특검 소환 우려 초긴장」
「대법 "철도파업, 사측 예측 가능… 업무방해 무죄"」

숨 막히는 이 명사 나열의 문장들은 모두 한국 신문의 헤드라인을 장식했던 제목들이다. 물론 제목이 명사로만 이루어졌다고 지면을 망치는 건 아니다. 독자들은 제목을 보고 멈칫, 이게 뭐지? 하다가도 기사를 읽어보고는 음, 이런 의미였군, 대부분 곧바로 이해한다. 하지만 신문은 수십 개의 지면으로 이루어져 있다. 신문을 넘기는 내내 이런 제목들이 턱, 턱, 흐름을 막는다고 생각해보자. 명사 나열식 제목은 신문의 재앙이다. 제목에 명사가 셋 이상 뭉쳐 있다면 편집자는 도끼눈을 뜨고 다시 봐야 한다. 신문 편집자의 지옥으로 가는 길은 명사로 뒤덮여 있다.

명사 나열식 제목은 주로 편집자가 기사에 갇혔을 때 나온다. 전문가들이 뱉은 용어 그대로를 사용해 그들의 입장에서 쓴 기사(취재기자가 전문성에 갇힌 경우)는 대부분 딱딱한 문장들로 이루어져 있다. 편집자가 그 무거운 단어들을 모두 끌어안고 지면으로 뛰어들면 십중팔구 '제목 익사'로 이어진다. 독자들을 숨 막히게 하는 제목이 나오는 것이다.

직관적인 제목을 위해서는 편집자가 기사의 틀을 깨고 나와야 한다. 무엇을 전달하기 위한 기사인가. 기사 밖에 나와서 보면 독자의 입장에 서게 되고, 스스로 독자들과 대화할 수 있다. '이런 단어는 좀 어렵지 않아? 사람들이 알아들을 수 있겠어? 이건 너무 뻣뻣하고 식상해, 그래서 네가 말하려는 게 뭔데? 괜찮아, 말해보라니까'

묵직한 명사를 걷어내면 가벼운 언어들이 자유롭게 헤엄칠 수 있는 공간이 생긴다. 익사한 제목과 유영하는 제목을 비교해보자.

익사:「채소 가격 급등, 장바구니 물가 비상… 서민 가계 타격」
유영:「가격표 본 엄마, 손에 든 양배추를 내려놨다」

익샤: 「근로단축 영향 中企근로자 급여 감소…

　　　교육비 등 가계 지출 축소」

유영: 「주 52시간 中企아빠의 월급날

　　　"여보, 애들 학원비 어쩌지"」

익샤: 「법원 "안희정 혐의 처벌체계 도입 여부, 입법 정책적 문제"」

유영: 「법원 "안희정 처벌하려면 국회가 법을 바꿔야"」

좋은 문장, 소리 내어 읽으면 안다

　매일 아침 방송 뉴스에 나와 그 날 신문의 제목들을 빨간 펜으로 쭉쭉 밑줄 쳐가며 훑어주는 분들이 있다. 취사선택이 그분들의 일과다 보니 제목에 대한 안목에 나름 도가 트이셨다. 한 도인에게 여쭸다. "어떤 제목이 좋은 제목인지요?" 도인이 말했다. "소리 내어 읽었을 때 쉽게 와닿는 제목이 좋은 제목이니라."

　오호라. 자신이 단 제목에 확신이 없다면 한번 소리 내어 읽어보라. 자연스러운가. 다시 읽어보라. 의미는 바로 전달되는가. 귀로 느껴보라. 억지스러운 부분은 없는가.

2

응답하라 1977

       캠프를 떠나온 지 9시간째, 어디가 어딘지 모든 것이 하얗다. 붉은색 등산복을 입은 남자가 산소통의 잔량을 확인한 후 세르파를 향해 소리쳤다. "이상해, 어느 쪽이지?" 주위를 둘러보던 세르파가 갑자기 다가오더니 남자를 껴안았다. "여깁니다. 우리가 해냈어요." 남자는 한동안 멍하니 서 있었다. 무전기를 꺼내는 그의 손이 떨리고 있었다. 캠프 쪽의 다급한 질문이 잡음에 섞여 들렸지만 정작 말이 뱉어지지 않았다. 그는 다시 한 번 숨을 힘껏 들이쉬었다.

       "여기는 정상, 더 이상 오를 곳이 없다."

신문 제목에 눈물 흘린 적 있나

1977년, 1인당 GDP가 '절대 빈곤선'이라는 1000달러(2015년 북한 수준)를 갓 넘어선 나라가 있었다. 그로 인해 유엔의 원조 대상국에서 벗어날 수 있었고, 그에 힘입어 '우리도 한번 잘 살아보자'는 노래가 동네마다 울려 퍼졌다. 사람들의 마음속에 희망이란 것이 자라나기 시작하던 그해 9월 15일, 그 나라 남쪽 섬 출신의 한 사내가 세계 최고봉 에베레스트를 정복했다. 전 세계 국가 중 8번째였고, 5년간의 준비와 훈련 끝에 이뤄낸 쾌거였다.

다음 날 아침, 프로젝트의 주관사로서 제일 먼저 이 소식을 전한 신문사에 독자들의 전화가 폭주했다. '신문 1면을 보고 감격했다'는 격려의 메시지가 대부분이었다. 한 독자는 '제목을 읽고 눈물이 났다'고 했다. 당시 그 전화를 받았던 기자가 후배에게, 후배가 다시 신입에게, 이야기는 편집국의 전설이 되었다.

신문 제목에 눈물이 났다니, 편집자로선 '응답하라 1977'이라도 찍고 싶은 이 드라마의 배경은 대한민국이고, 주인공은 산악인 고상돈이며, 신문사는 〈한국일보〉였다. 독자를 눈물짓게 했다는 그날의 헤드라인은 무엇이었을까. 고상돈 에베레스트 정복? 그렇게 단순할 리가. 한국 최초 에베레스트 등정 성공? 너무 뻔하지 않나.

마침내 우리가 해냈다? 비슷했지만 그것도 아니다. 에베레스트 정상에서 태극기를 흔드는 고상돈의 흑백사진 위에, 주먹만 한 크기로, 이렇게 적혀 있었다.

「世界頂上에 우리가 섰다」

세계 정상. 지금은 흔하게 들을 수 있는 말이지만 40여 년 전 대한민국에선 온 국민을 울컥하게 만든 단어였다. 당시 〈한국일보〉의 1면 편집자는 세계 최고봉에 태극기를 꽂았다는 기사적 사실보다 훨씬 더 높이 올라가, 국가적 자부심과 희망을 담은 키워드를 신문 1면에 꽂았다.

(얼마 전 술을 사러 편의점에 갔다가 '막걸리 1977'이란 신상품이 나온 걸 보고 깜짝 놀랐다. 고상돈을 기념한 건가 싶어 상표 아래를 보니 '쌀 사용이 다시 허용되기 시작한 1977년 그때 그 레시피로 만든'이라고 적혀 있었다. 그때까지는 쌀로 막걸리도 못 만들어 먹었단다)

단어 하나, 문장 하나가 지면을 바꾼다

신문 편집에선 '이 단어 하나로 지면의 열독률을 좌우할 수 있는가?' 스스로 질문을 던졌을 때 '그렇다'고 말할 수 있어야 키워드다. 일반적으로는 기사적 사실 속에 들어 있지만, 때로는 뉴스의 행간에 숨어 있기도 하고, 기사를 보는 편집자의 관점, 또는 기사와 관련된 사진에서 툭 튀어나오기도 한다.

1977년 세계 정상 정복의 감격을 지나, 대한민국이 가장 뜨거웠던 해 2002년으로 가보자. 그해 월드컵 이변의 시작은 개막전부터였다. 전 대회 우승팀인 프랑스가 아프리카의 약체 세네갈에게 0대 1로 패한 것이다. 경기가 끝나자 편집국이 술렁였다. 전 세계 언론에서 뉴스와 논평이 쏟아졌고 〈조선일보〉 스포츠부도 분주해졌다. 하지만 한쪽에서 TV 중계를 지켜봤던 스포츠면 편집자는 말없이 팔짱을 낀 채 자신의 책상 위를 주시하고 있었다. 보통의 경우 현장에서 전송된 기사를 읽고 있어야 할 시간이지만 기사는 인쇄조차 되지 않았다. 대신 책상에는 한 장의 사진이 놓여 있었다. 프랑스 대표팀의 간판 스타인 티에리 앙리가 경기 종료 휘슬이 울린 직후 그라운드에 엎드려 비통해하는 장면이었다.

그날 편집자는 무슨 생각을 했을까. 그 사진에서 어떤 키워드를 떠올린 것일까. 다음 날 아침, 독자들은 평소와 전혀 다른 월드컵 섹션(당시엔 스포츠 뉴스도 지금의 경제 섹션처럼 따로 모아 제작되었다) 1면을 선물 받았다.

「악 몽」

2002년 6월 1일 〈조선일보〉 월드컵 섹션 1면

자존심이 망가진 앙리, 그를 바라보는 프랑스 국민들의 실망감, 그리고 그 감정의 크기까지(신문에서 그렇게 큰 활자를 이후로는 보지 못했다) 한 단어에 담겨 있었다.

뉴스에 대한 편집자의 관점과 사진 선택이 지면을 바꾼 또 다른 경우를 보자. 이란 핵협상 타결이 톱뉴스로 전해진 2015년 4월 4일자 1면. 기사는 국제사회가 이란의 핵무기 개발을 막기 위해 1년 7개월간 벌여온 노력을 강조했지만, 편집자가 본 이날의 키워드는 '북한'이었다. 이란이 핵을 포기함으로써 이제는 북한만이 국제사회의 섬으로 남은 사실에 집중한 것이다. 편집자는 그날 들어온 이란의 현장 사진에도 주목했다. 차 위에서 국기를 흔들며 환호하는 시민의 사진이었다. 이란인들의 환한 얼굴은 자연스레 북한 주민의 실상과 겹쳐졌고, 여기서 다른 키워드 하나가 떠올랐다. '보아라'

'북한'과 '보아라'의 키워드로 제작한 이날 지면은 여타의 이란 핵협상 타결 보도와는 다른 임팩트를 만들어냈다.

「北, 이란 국민들의 환호를 보라」

北, 이란 국민들의 환호를 보라

이란核 12년만에 타결
"우라늄 농축 최소10년 제한
국제제재 6월말 이후 해제"
이란, 안보리 5强·獨과 합의
석유수출 등 경제도약 기대
국제위협 이젠 北核만 남아

"해외 자원개발에
투자한 31兆 중
26兆 회수 불투명"

감사원, 분석 결과 발표
"사업 지속땐 34조 더 들어"

이태원 이슬람사원, 터키가 새로 짓는다

'이란 호재' 건설·항공·철강株 급등

코스피·코스닥 연중 최고

勞측 대표 불참… 노사정委 결렬 위기

韓中日협력 국제포럼
"3월 정상회담 시급"   ▶A6면

Why?
우리 나무와 꽃으로
40년간 정원 가꾼 화가 B1·2면

Weekly BIZ
"전문가를 믿지마라" C1·2면

2015년 4월 4일 〈조선일보〉 1면

독자의 머릿속에 키워드를 탁!

이번엔 지면 전체를 장악하는 편집자의 시선을 조금 좁혀, 키워드(데이터를 검색할 때 사용하는 단어)의 사전적 의미에 충실한 부분으로 들어가보자. 키워드는 사건을 규정짓거나 사건과 관련된 사물이나 사람을 지칭하는 방법으로 요긴하게 쓰인다.

박태환의 기적 같은 막판 스퍼트, 하면 떠오르는 장면이 있을 것이다. 2011년 7월 24일 상하이 수영 세계선수권 자유형 400미터에서 역전극을 펼치며 1위로 들어오던 순간이다. 4위로 처져 있다가 마지막에 상대 선수 3명을 제치며 치고 나오는 장면은 대한민국 국민들에겐 한 편의 드라마였다. 그날 대부분의 신문들은 '괴력' '대역전' '금메달' 등을 제목 키워드로 올렸다. 하지만 박태환이 괴력으로 대역전하며 금메달을 딴 것이 그때뿐이었겠는가. 그 순간이 가진 스토리를 표현하기엔 모자랐다. 〈중앙일보〉 편집자만이 그날의 특별함을 하나의 키워드에 담아냈다.

「1번 레인의 기적」

박태환은 예선 7위로 겨우 결선에 진출했기에 맨 가장자리, 다른 선수들의 물살을 거슬러갈 수밖에 없는 '1번 레인'에서 경기를 펼쳤다. 최악의 조건에서 최선의 결과를 이뤄낸 것이었다. 그 키워드를 놓친 다른 모든 편집자들은 다음 날 아침에 땅을 쳐야 했다.

키워드는 독자들의 연상 작용을 이용해 만들 수도 있다. 사드 배치를 놓고 중국과 갈등하던 2017년 1월, 중국의 대형 폭격기를 포함해 군용기 10대가 우리 방공식별구역을 침범해 화제가 된 적이 있다. 핵폭탄을 투하할 수 있는 장거리 폭격기라며 다들 해설 기사를 썼는데, 문제는 이름이었다. 공식 명칭은 'H-6' 또는 '훙-6'. 제목으로 달기엔 생소하고 의미도 통하지 않아 편집자들을 난감하게 했다. 고민 끝에 한 신문은 '중국 폭격기 H-6' 명칭을 그대로 썼고, 다른 신문은 '핵 싣는 중국 폭격기', 또 다른 신문은 '중국판 B-52●'라고 제목을 달았다. 어느 것이 머릿속에 와닿는가. 이후 이 폭격기가 또 한 번 우리 측 구역을 넘어왔을 때는 대부분의 신문이 '중국판 B-52'라는 설명을 붙였다. 지난 8월 이탈리아의 항구도시 제노바에서 교량 붕괴로 40여 명이 희생됐을 때 한국 신문들이 '이탈리아판 성수대교'라 칭한 것도 같은 맥락이다.

때론 사진이 키워드를 말해주기도 한다. 단발머리에 짙은 아이섀도우와 립스틱, 짧은 치마, 그리고 정면에 'LOL'이란 상표가 크게 박힌 하얀 티셔츠. 말레이시아 공항 CCTV에 포착된 김정남

●미국의 전략폭격기.

암살 용의자의 사진이 처음 공개된 날, 주요 일간지 2곳이 여성 용의자의 외모에서 키워드를 뽑았다. 한 신문은 '립스틱'에, 다른 신문은 'LOL 티셔츠'에 주목했다.

「체포된 암살 용의자, 짙은 립스틱 20대 여성」

「김정남 암살 일당 6명… 'LOL 여성'은 체포」

어느 쪽의 키워드가 살아남았을까. 상당수의 매체와, 립스틱 제목을 달았던 신문까지도 그날 이후 그녀를 'LOL 여성'으로 불렀다.

'키툭튀'의 강림

'세계정상'에서 '악몽'으로, '1번 레인'과 'LOL'까지, 인상적인 제목을 뽑기 위한 편집자들의 고뇌는 수십 년간 이어졌다. 하지만 누군가는 여전히 핵심적인 단어 하나가 떠오르지 않아 기사와 씨름한다.

신입 시절, 편집부에 막 배치된 상황에서 스포츠 섹션 팀에 '실전 투입'된 때였다. "기사 원고를 그냥 쳐다봐. 읽지 말고, 그냥 보는 게 중요해. 그럼 뭔가 툭 튀어나와. 그게 키워드야." 출고된 기사 앞에서 쩔쩔매고 있는데 한 선배가 내 어깨를 툭 치며 말했다.

"에이, 농담 마세요." 웃어넘기고 다시 기사를 읽는데 여전히 난감하다. 프로야구 플레이오프 진출을 놓고 4위 싸움이 치열하다는, 뻔하디 뻔한 내용의 기사였기 때문이다. 이건 아닌데, 이 제목도 아냐. 어떤 식으로 표현을 바꿔보아도 마음에 들지 않았다. 고쳐 쓰고 지우기를 거듭하다가 잠깐, 방금 선배가 뭐라고 했지? 정말 그럴까? 제목 잘 달기로 유명한 선배이기도 했고, 어차피 밑져야 본전 아닌가. 한번 따라해보기로 했다.

몇 번을 반복해 읽었던 원고를 다시 집어 들었다. 그러고는 그냥 봤다. 기사를 읽지 않고 보기만 하는 게 얼마나 힘든 일인지 그때 처음 알았다. 머릿속에는 계속 4위, 4위, 4위가 맴돌았다. 한참을 멍하니 바라보고 있는데, 갑자기 전혀 예상하지 않았던 단어 하나가 떠올랐다. 4위, 4위냐, 사느냐, 아니면 죽느냐?…… 정말이지 신기하게도 번쩍, '죽는다'는 단어가 떠오른 것이다. 그리고는 곧바로 '4위'와 '죽는다'를 연결해 문장을 만들었다.

「4위냐 죽느냐, 그것이 문제로다」

지면 편집을 책임지는 데스크에게 제출했더니(당시엔 기사 원고 용지의 여백에 직접 제목을 적어 데스크의 책상 위에 올려놓았다. 데스크의 빨간 펜에 내 제목이 사느냐 죽느냐 그것이 문제였는데, 대부분 죽었다)

슥 읽고는 고개를 돌려 나를 쳐다본다. 어쭈 이 녀석 봐라, 하는 표정이다. 그날 우리 팀이 회식을 한 건 신참이 멋진 제목을 달아서였다고, 지금도 나홀로 주장하고 있다.

그 종교적(?) 체험 이후 나는 키워드 하나가 절실할 때면 무작정 기사 원고를 들고 쳐다보는 버릇이 생겼다. 물론 '그분'은 쉽게 오시지 않았다. 하지만 멍하니 기사를 바라보고 있으면 문득 오래전 그 선배의 의도를 이해하게 된다. 그대가 찾는 키워드는 전혀 다른 방향에 있을지니 후배여, 머리를 비우고 다시 생각해보거라. 뭐 그런 의미가 아니었을까. 그래서 나는 오늘도 기사 원고를 쳐들고 '키툭튀'의 강림을 기다리고 있다.

3

파격이냐, 뉴스냐

시와 그림으로 가득 찬 신문

신입 기자 때를 기억한다. 선배들은 의욕에 넘쳤고 편집국의 책상이나 원고까지도 에너지가 충만해 보였다. 그 시절 출근길의 신문사 건물 로비, 깔끔하게 유니폼을 차려 입은 경비 아저씨를 지나 엘리베이터의 반짝이는 금속 문을 왼쪽으로 돌아나가면 대리석 계단이 있다. 3층 편집국을 향해 성큼성큼 오르다가 계단과 계단 사이 꺾어지는 벽 앞에 멈춰 선다. 세로로 길게 걸린 액자 속 하얀 종이 위에 묵필로 쓴 글이 보인다.

기자는 시인이 돼야 한다.
미래의 신문은 시와 그림으로 가득 찬 신문이다.

처음 몸담은 신문사에서 그 액자를 3년 남짓 보며 출근했다. 그런 신문이 가능할까. 계단을 오를 때마다 잠시, 액자가 걸린 벽 앞에 나는 섰다. 그러고는 곧 왠지 모를 자신감에 차서는 다시 계단을 훌쩍훌쩍 뛰어 올라가는 것이다. 무언가 예술적인 일을 하는 것 같고, 펜의 힘으로 세상을 바꿀 수 있을 것도 같고, 그런 직업을 택한 내가 잘나 보인다는 착각을 할 수 있었다.

회사를 옮겨 다른 고민들에 묻혀 지내는 사이 그 글도 자연스레 잊혀졌다. 그러던 어느 날 우연히 그 건물 앞을 지나면서 문득 생각이 났다. 그래 여기였지. 그날의 착각과 함께 신문사 건물이 헐리고, 지금은 현대식 고층 빌딩이 들어섰다. 액자는 어디로 갔을까. 시와 그림의 신문, 기자들의 자신감은 어디로 갔을까. 무사할까. 행방은 알 수 없지만 '신문의 미래'에 대한 궁금증은 여전히 나를 벽 앞에 세운다.

메시지로 독자를 때리다

다시 과거로 돌아가자. 2000년 1월 1일, 아직 편집국 계단 벽에 액자가 붙어 있던 그날에 〈한국일보〉가 '대형 사고'를 쳤다. 신문 1면에 기사도 사진도 없었다. '2000년 1월 1일' 날짜만 왼쪽 상단에 제목처럼 박혀 있었다. 휑한 하얀색 지면. 1면을 백지로 낸 것이다.

이날은 새로운 밀레니엄의 첫 신문, 다시 말해 1000년에 한 번 만들 수 있는 지면이었다. 그래서 편집자가 흥분한 것일까. 새해 첫날에 '백지 1면'을 집어든 독자들은 전날 송년회에서 마신 술을 의심했다가, 돌연 그 전날 마신 술까지 확 깨는 낯선 경험을 했다. 편집국에는 'Y2K(컴퓨터가 2000년의 연도 단위를 인식하지 못해 발생하는 디지털 재앙)' 탓에 인쇄 사고가 난 게 아닌지 문의하는 전화가 빗발쳤다.

그날의 지면 아이디어를 낸 편집자의 의도는 무엇이었을까. 단순히 충격을 주고 싶어서? 섹션이 아니라 종합 1면이었다. 그냥 튀고 싶어서? 편집국장이 용납했을 리가. 미래의 신문을 만들고 싶어서? 시도 그림도 없지 않은가.

파격을 위해 콘텐츠를 전멸시킬 편집자는 없다. 파격은 메시지를 전달하기 위한 수단이고 그날의 아이디어 역시 독자들에게 전달할 메시지가 포인트였다. 무슨 메시지? 지면에는 날짜밖에 없지 않나, 그렇다면 달력? 이라고 생각할 수 있겠지만, 아니다. 있다. 아니, 처음에는 있었다.

새 천년, 위대한 첫걸음
모든 것이 불확실하고
모든 것이 가능하다

이 메시지가 이유였다. '백지 신문도 가능한데 뭔들 못하겠습니까. 새 천년엔 모든 것에 도전해보십시오'라고, 새해 아침 독자들을 향해 외친 파이팅이었다. 하얀 지면의 중앙에 들어갔어야 할 이 제목이, 전날 밤 수차례의 편집회의를 거치면서 빠져버렸다고 한다. '메시지'에 찍혀야 할 방점이 '파격'에 찍히면서 메시지마저 희생되고 만 것이다. 그래도 반은 성공하지 않았나, 이런 지면을 언제 다시 만들어보겠나, 1면 편집자와 동료들은 서로 격려하며 위안을 삼았지만, 기존의 아이디어대로 신문이 만들어졌더라면 어땠을까. 지금도 가끔씩 생각하며 아쉬워한다(3000년 1월 1일에 누군가 다시 시도할 것이라 기대한다면 너무 나간 것일까).

그나마 다행인 것은 독자들이 백지 1면을 '독자를 위해 비워놓은 1면'으로 해석했다는 점이었다. 다음 날부터 편집국의 중앙 테이블엔 독자들이 보내온 1면이 쌓이기 시작했다. 아이들이 그린 그림, 가족의 새해 소망, 새천년의 버킷 리스트 등으로 채워진 '그들만의 1면'이었다. 참으로 아이러니하게도, 독자들이 보내온 지면은 계단의 액자가 말했던 '미래의 신문'과 닮아 있었다.

〈인디펜던트〉의 파격

바닷가의 한 마을. 멀리서 시커먼 그림자가 드리우는 듯싶더니 작은 집들이 하나둘 사라진다. 급기야 농가의 도로와 논밭까지 먹어 치우는 검은 액체. 좁은 도로를 달리던 미니밴이 가까스로 피해 가고, 카메라는 밭 위를 달려가는 흰색 옷의 어르신을 비춘다. 어머, 저걸 어째. 사람들의 탄식 소리와 함께 어르신이 사라진다. 마을이 있던 자리엔 거센 물살만 보인다. 흔들리는 카메라. 초점이 흐려졌다가 다시 선명해지고 조금 전 사라졌던 흰색 어르신이 사람들의 도움을 받아 산 쪽으로 올라오고 있다. 사람들은 자신의 보금자리가 분해된 채 떠내려가는 모습을 속수무책으로 지켜본다.

2011년 동일본 대지진 당시 전 세계의 신문들은 자연재해의 참상에 초점을 맞추었다. 검은 쓰나미가 바닷가 마을을 쓸어가는 동영상이 방송을 탔고 재난 영화보다 끔찍한 장면들이 생중계되는 상황이었다. 신문이 사진으로 보여줄 수 있는 현장은 한계가 있었지만, 모두들 그렇게 만들었다. 재난 보도는 그래야 하니까, 그래왔으니까. 하지만 다른 생각을 한 신문사도 있었다.

영국에 본사를 둔 이 신문사는 지진파와는 전혀 다른 충격파를 지구촌 사람들에게, 특히 신문 편집자들에게 던졌다. 1면에서 재난 사진과 기사는 찾아볼 수 없었다. 대신 지면의 중앙에 일본을 상징하는 붉은 원을 그리고 원 안에는 일본어로, 그 아래에는 영어로 제목을 적었다.

「힘내라 일본, 힘내라 도호쿠●」

2만 명이 넘는 희생자가 발생한 자연재해의 첫 보도를 '응원'으로 시작한 것이다. 이날 신문이 파격 편집으로 전달하려 한 메시지는 '인류애'였다. 〈인디펜던트The Independent〉의 1면은 수많았던 재난 보도, 더 자극적인 사진과 더 충격적인 제목을 더 크게 실으려 했던 편집자들의 경쟁을 사소한 것으로 만들어버렸다.

● 東北. 당시 지진과 쓰나미의 피해가 집중된 일본 혼슈의 동북부 지역.

'Stop Press'
vs '계속 보도하라, 인쇄할 가치가 있는 모든 뉴스를'

편집자라면 누구나 파격에 대한 욕심이 있다. '백지 편집'도 해 보고 싶고 '응원 편집'도 꿈꾼다. 앞의 두 지면처럼 극단적인 경우가 아니더라도 편집 아이디어로, 기사보다는 제목과 사진으로 승부하고 싶다. 제목이 시와 같고 사진이 그림 같다면 더할 나위 없을 것이다. 당신이 신문 편집자라면 어떨지 상상해보라. 그런 신문을 만들고 싶지 않은가(끄덕끄덕). 하지만 아쉽게도, 인간의 모든 판타지가 그렇듯 편집자의 그것 역시 이루어질 수 없기 때문에 아름답다.

콘크리트의 현실로 돌아와 다시 들여다보자. '힘내라 일본'이란 명작을 남긴 〈인디펜던트〉는 예전부터 파격으로 유명한 신문이었다. 이런 지면 한번 만들어볼까, 아이디어가 떠오른 편집자가 있다면 표절 의혹에 휘말리지 않기 위해서라도 〈인디펜던트〉의 과거 지면들을 검색해보는 편이 좋다. 그들이 이미 시도했을 가능성이 70퍼센트 이상은 되지 싶다. 그런데 2016년 3월 26일, '파격의 신문'이라던 그 〈인디펜던트〉가 30년을 찍어오던 종이 신문을 더 이상 만들지 않기로 했다. 온라인에만 전념하겠다고 선언한 것이다.

「Stop Press」

'인쇄 중단'이라는 큼지막한 제목이 마지막 1면을 장식했다. 그러고는 '오늘 윤전기는 멈췄고 잉크는 말랐고 더 이상 종이 접히는 소리가 나지 않겠지만, 한 챕터가 끝나면 다른 챕터가 시작되듯 〈인디펜던트〉의 정신은 계속된다'고 그날 사설에 썼다. 아이러니였다. 온라인에서도 파격 편집은 가능하겠지만 신문 지면과는 비교할 수 없다. 왜 그랬을까.

1. 더 이상 새로 보여줄 파격이 없다.
2. 변변찮은 기사를 편집으로 커버해오다 한계에 부딪쳤다.
3. 돈이 안 된다. 찍어낼수록 손해다.
4. 이젠 디지털이 대세다. 어차피 종이 신문은 사라진다.

〈인디펜던트〉 측은 4번이라고 강변하지만 2번으로 인한 3번이 아닐까, 아쉬운 마음에 자꾸만 의심이 간다.

파격 편집의 대명사였던 〈인디펜던트〉가 종이 신문 사업을 접은 반면, 웬만해선 1면에 편집적 파격을 시도하지 않는 〈뉴욕타임스〉는 여전히 건재하다. 신문이라면 거들떠보지 않던 사람들도 〈뉴욕타임스〉에 실렸다고 하면 들여다본다. 그 영향력의 비결은 뭘까.

1. 기자들이 팩트를 확인하고 또 확인한다.

2. 편집자들이 세련된 제목으로 이슈를 잡아낸다.

3. 편집국장의 지휘력이 뛰어나다(신문사를 다룬 미국 영화에서 편집국장은 대부분 멋지게 나온다).

4. 그런 편집국장을 발탁한 사장의 안목이 뛰어나다(스티븐 스필버그가 만든 영화 〈더 포스트The Post〉에선 사장이 더 멋지게 나온다).

5. 트럼프가 열심히 도와주고(?) 있다.

〈인디펜던트〉의 '인쇄 중단' 지면이 인쇄되고 정확히 11개월 후인 2017년 2월 26일, 〈조선일보〉 편집국의 사진 모니터에 AFP 기자가 전송한 사진 한 장이 올라왔다. 미국 뉴욕의 〈뉴욕타임스〉 사옥 앞에서 한 여성이 자신의 입을 테이프로 막은 채 시위를 하는 장면이었다. 누가 신문 기사에 열 받았나, 그냥 지나치려는데 여성이 든 피켓 속 문구가 나를 사로잡았다. 자세히 보니 항의가 아니라 격려를 하러 〈뉴욕타임스〉를 찾은 사람이었다. 그 전날 트럼프 행정부는 앞으로 백악관 비공식 브리핑에서 〈뉴욕타임스〉 기자를 배제한다는 발표를 했다. 여성이 들고 있던 피켓에는 이런 말이 적혀있었다.

'KEEP REPORTING, All the news that's fit to print'

추위 속에서 목도리를 꽁꽁 동여맨 채 '계속 보도하라, 인쇄할 가치가 있는 모든 뉴스를' 침묵으로 외치는 그녀의 다른 한 손엔 그날 인쇄된 〈뉴욕타임스〉가 들려 있었다.

인쇄할 가치, 파격할 가치

〈인디펜던트〉의 '인쇄 중단'과 〈뉴욕타임스〉의 '인쇄할 가치'는 신문 편집자에게 많은 질문을 던진다. 좋은 편집이란 어떤 편집인가. 과거에 좋았던 지면은 지금 보아도 그러한가. 지금 좋은 편집이 미래에도 유효한가.

신문은 독자를 놀라게 해야 한다. 매일 특종을 하는 신문이 있다면 그 신문엔 편집자가 필요 없다. 그 누가 어떤 식으로 편집을 하든 사람들은 볼 것이고, 놀랄 것이기 때문이다. 신문이 매일 특종을 할 수는 없기에 편집자가 필요하다. 대동소이한 기사들이 하루에도 수천 건씩 쏟아지는 현실에서 신문은 어떻게 독자를 놀라게 할 것인가. 좋은 편집에 대한 고민은 여기서 시작된다.

구제역이 창궐하는 시점에 전국 축산 농가의 현실을 보도하는 기사가 나왔다고 가정해보자. 편집자는 기자가 찍어온 사진 중 눈물을 흘리는 듯한 소 사진에 주목하고, 이 사진으로 지면에 임팩트를 주고자 한다. 원고지 20장 분량의 기사를 10장으로 줄이면서 '소의 눈물' 사진을 300퍼센트 확대해 지면의 절반을 덮었다. 그리고는 상단 전체에 이런 헤드라인을 올렸다.

「구제역도 구제 못하는 구제불능 정부」

다음 날 아침 엄청난 크기의 소 머리와 재치 있는 제목을 본 독자들은 놀란다. 그렇다면 이 신문은 성공한 것인가. 좋은 편집인가.

기사를 읽어보자. 취재기자는 강원도 횡성에서부터 전라남도 해남까지 전국의 축산 농가를 누비면서 농민들의 처절한 목소리를 전달하고 있다. 살처분되는 소들을 보다 못해 사업을 접은 주인도 있고, 소 값이 폭락하면서 쌓인 빚을 감당 못해 극단적 선택을 한 농장주도 있었다. 그의 아내가 울면서 하소연을 하는 부분도 나온다. 기사는 '소의 눈물'이 아니라 '축산 농가의 눈물'을 생생하게 전달하고 있다. 매년 구제역이 발생할 때마다 제대로 대처하지 못한다며 정부를 비난하는 기사가 나온다. 소들이 살처분 되는 사진은 단골 메뉴다. 하지만 이처럼 전국을 누비며 축산 농가의 참상을 취재한 탐사 보도는 없었다. 자, 다시 판단해보자. 이 기사의 편집은 훌륭한가.

편집자들 사이에 '좋은 편집'으로 회자되는 신문 지면들 중엔 탄성이 절로 나오는 작품이 있지만, '임팩트와 재미를 위해 뉴스를 죽였구나' 싶은 지면도 많다. 편집적 파격도 뉴스를 품고 있을 때 의미가 있다.

기사에서 전하려는 뉴스가 다른 매체에서 쏟아낸 것과 차별화되지 않을 수도 있다. 그렇다 하더라도 맥락 속에 숨겨졌거나 기사가 놓친 메시지를 찾는 노력이 필요하다. 편집자가 파격을 하겠다면 메시지로 승부해야 한다. 가치 있는 메시지가 없다면 파격을 포기하는 게 맞다. 그것 또한 편집자의 용기다. 참신하지 않은 메시지에 신선한 파격과 임팩트를 제아무리 입힌다 한들 '그들만의 지면'으로 잊힐 뿐이다.

예측 가능한 이슈로 '재치 경쟁'을 할 바에야 독자의 궁금증을 풀어주는 정보를 제목에 넣는 게 좋은 편집이다. 당장은 임팩트 없고 무의미해 보일지라도 그렇게 하는 편이 장기적으로는 이롭다. 꼭 필요하지 않은 파격, 파격을 위한 파격은 신문의 신뢰를 떨어뜨리기 때문이다.

말은 이렇게 하지만 지금 당장 전혀 놀랍지 않은 기사가 내 앞에 놓인다면 나는 또 고민할 것이다. 기사를 줄일까, 아예 죽여버릴까, 엉뚱하지만 재미있는 제목을 달까, 차라리 사진을 키우고 사진 제목을 헤드라인으로 올려버릴까, 머리를 굴릴 것이다. 하지만 아니야, 나마저 이러면 안 되지. 곧바로 마음을 다잡고는 기사와 관련된 뉴스를 검색하고, 기어이 숨어 있는 메시지를 찾아내고, 감각적인 제목을 달고, 지면을 파격하고, 사회적 이슈를 만들어 내고, 마침내 독자들을 놀라게 하는, 그런 상상을 하며 인터넷 검색창을 두드리고 있을 것이다. 아주 가끔은 상상이 현실이 되기도 한다는데 그런 행운은 왜 나를 비켜가는지.

독자와, 시와 그림과, 뉴스와 나

꿈속에서 '시와 그림으로 가득 찬 미래의 신문'을 다시 의심해 본다. 갑자기 눈앞에 설원이 펼쳐진다. 까마득한 절벽의 중간쯤, 나는 자일로 연결된 한 가닥 줄에 매달려 있다. 아악, 줄을 오르려는데 양쪽 다리가 잘려나가는 듯 아프다. 아래를 보니 각각의 다리에도 무엇인가 달려 있다. 눈보라 탓에 선명하진 않지만 왼쪽 다리엔 알록달록한 짐이, 오른쪽 다리엔 무채색의 배낭이 보인다. 몸이 조금 올라가는가 싶더니 다시 내려왔다. 누군가 절벽 위에서 줄을 당기고 있는 것이 분명하다.

"놓지 마세요." 나는 애원한다.

"독자들이 잡고 있으니 뉴스를 지켜." 그의 말이 들린다.

뉴스? 나는 다시 아래를 본다. 눈보라가 잠시 걷히면서 배낭에 적힌 글자가 드러난다. 알록달록한 배낭은 '시와 그림'이고 무채색 쪽이 '뉴스'다. 뉴스가 더 묵직하게 나를 잡아당기고 있다. 으악, 몸이 아래로 한참을 떨어지더니 다시 멈춘다. 눈보라가 더 거세졌다. 독자의 힘으로 셋을 지탱하기는 어려울 것이다. 주머니 속에 다용도 칼이 잡힌다. 줄은 조금씩 아래로 밀리고 있다. 어떡하지. 나는 칼을 쥐고 비명을 지른다.

4

날씨 따라
신문도 변한다

기록적 폭염, 신문 보기도 덥다

2018년은 여러 분야에서 대대손손 역사에 남을 해다. 사상 첫 미북 정상회담이 이뤄졌고, 한국의 억눌렸던 여성사에 처음으로 '미투 운동'이 일어나 또 다른 문화적 근대화가 시도되었다. 그리고, 기상 관측 111년 역사에 가장 뜨거운 여름이 기록되었다.

그해 8월 1일 서울의 기온이 39.4도를 찍었다. 인간은 36.5도 안팎의 적정한 체온을 유지하지 않으면 생명이 위험한 항온 동물인 관계로, 체온보다 높은 기온은 우리의 생활을 통째로 바꿔놓았다. 가판 매점의 주인들까지 인근 건물의 카페로 대피했던 그날, 직장인들은 집으로 퇴근하는 대신 쇼핑몰로 몰려갔다. 저녁 늦게야 귀가한 사람들은 그래도 밤이 너무 뜨거워서, 혹은 전기세 폭탄 걱정에 에어컨을 켰다 껐다 하느라 잠을 설쳤다. 열대야의 불면은 직장인들의 성격을 변화시켰다. 사람 좋다는 김 과장도, 소심한 박 대리도 종일 짜증을 냈다. 체온 상승은 입맛까지 변화시켜서 냉면집 냉면은 불티가 났고 숯불 고깃집은 썰렁했다.

신문은 어땠을까. 매일 배달되는 신문 또한 독자들에겐 일상인데, 당연히 변화가 있지 않았을까. 의심의 여지없이 신문 읽기도 변했다. 많은 분들이 아침 신문을 펼쳤다가 이 한마디를 내뱉고는 다시 접었다고 한다.

"어휴, 신문 보기도 덥다."

날씨에 따른 독자 라이프 스타일의 변화에 편집국은 어떻게 대응했을까. 날씨에 따라 신문 편집도 변했을까. 111년만의 폭염이 작렬했던 그 주, 일주일치 신문의 1면 사진들을 살펴보자.

7월 30일 월요일: 날씨 사진을 왼쪽 상단에 4단으로 썼다. 파도치는 해운대 해변에서 색색의 수영복을 입은 사람들이 휴가를 즐기고 있다.

7월 31일 화요일: 또 날씨 사진이 메인이다. 동해안의 해변이 펼쳐져 있고 바로 옆 해안 도로에 피서 차량들이 줄지어 서 있다. 반대쪽 서울 방향으론 도로가 텅 비었다.

8월 1일 수요일: 또 날씨 관련 사진이다. 3일 연속이다. 한반도 위성사진에 주변 해수면의 기온을 표시했다. 서해도 동해도 남해도 모두 빨갛다. 「바다도 30도 육박」이란 제목이 붙었다.

8월 2일 목요일: 4일 연속 날씨 사진이다. 전날 폭염 신기록이 작성되었기에 어쩔 수 없는 측면도 있었지만, 신문 1면 사진의 역사에선 이 또한 신기록이지 싶다. 한낮 서울 광화문의 도심을 열화상 카메라로 찍은 장면을 1면 톱 자리에 실었다.

8월 3일 금요일: 또 날씨 사진을 싣진 않았겠지 생각했다면, 틀렸다. 충남 논산의 어느 서당 훈장 어르신이 아이들에게 등목을 시켜주는 사진이 실렸다. 5일 연속 날씨 사진. 바가지 물에 놀란 아이들의 표정이 시원하다.

8월 4일 토요일: 자동차들이 줄지어 서 있는 사진이다. 피서 차량인가, 일주일 내내 1면에 날씨 사진은 너무한 거 아닌가, 하는데 자세히 보니 이번엔 날씨 관련 사진이 아니다. 주행 중 화재로 악명 높아진 BMW 차량들이 리콜을 받기 위해 한꺼번에 서비스센터에 몰린 장면이다. 「달리면 불이 나고, 못 달리니 천불이 난다」고 적은 사진 제목이 재미있다.

재난 상황이 아니라면 계절마다 한 번쯤은 날씨 사진이 1면을 차지하기도 한다. 봄엔 황사, 여름엔 피서, 가을엔 단풍, 겨울엔 눈 등이 그렇다. 하지만 태풍이나 물난리가 났을 때에도 이틀 연속 비슷한 사진을 쓰는 경우는 드물다. 어제와는 다른 오늘 신문을 만들기 위해서다. 그러는 신문 1면에 왜 5일 동안 줄곧 날씨 사진을 썼을까. 편집자가 더위를 먹어 전날 무슨 사진을 썼는지 기억하지 못해서였을까. 당연히 아니다. 신문 1면에 의도되지 않은 편집이란 없다. 5일 연속 날씨 사진을 쓴 이유는 더워도 너무 더웠기 때문이다.

"밖에 나가봤어? 사우나야 사우나. 이런 날 누가 땀 뻘뻘 흘리며 신문 보고 싶으려나?"

"그러게요. 사건 기사도 그렇고, 외교 안보 기사도 그렇고 읽을수록 짜증나는 내용이니. 이번 주엔 기분 좋아지는 뉴스가 없네요."

"정치 기사는 어떻고. 첫 문장만 읽어도 열불이 나잖아."

"어쩌죠? 지면 구성이라도 좀 바꿔볼까요?"

"그래, 이런 날엔 편집도 좀 시원시원하게 가야 해. 사진부터 변화를 줘보자. 일단 1면에 외교 안보나 정치 관련 사진은 쓰지 말고. 날씨 사진 중에 시원한 장면이나, 사람들이 관심을 가질 만한 것으로 써보자고.”

“예. 그런데 부장, 그렇다고 계속 날씨 사진만 쓸 순 없잖아요.”

“물론 좋은 사진이 있다면야 당연히 써야지. 그게 아니라면 당분간은 날씨 쪽으로 가는 게 맞는 것 같아. 사람들도 만나기만 하면 날씨 얘기부터 하니까. 그리고 지면의 다른 요소들도 좀 더 보기 쉽게, 쿨한 편집을 연구해보자.”

이날 이후 편집부엔 ‘하계 편집’의 기준이 새로 정해졌다. 변화된 요소는 크게 세 가지였다. 첫째, 사진을 시원하게 쓸 것. 각 지면의 메인 사진 크기를 이전보다 한 단 더 키우고, 답답한 느낌을 줄 수 있는 작은 사진들은 최대한 없애기로 했다. 지면에 큰 사진과 작은 사진이 한 장씩 들어간다면, 작은 사진은 빼고 큰 사진을 더 키워 쓰는 식이다.

둘째, 제목 공간을 더 비울 것. 제목과 기사 사이를 좀 더 벌리기로 했다. 보통 3~4행을 차지하던 제목의 세로 공간을 4~5행으로 넓혔다. 1단 부제의 경우 제목을 쓰고 한 행을 띄운 다음 기사를 흘리는데, 이 부분도 한 행을 더 넓혀 두 행을 띄우게 했다.

셋째, 제목 글자 수를 줄일 것. 좌우 공간을 꽉 채워 쓴 제목만큼 답답한 것도 없다. 제목의 글자 수를 줄이면 여백이 넓어지고 그만큼 보기에 편하다. 보는 사람에 따라서는 벙벙하다는 느낌을 줄 수 있고 긴장감이 떨어지는 단점이 있지만, 무더운 날에는 이 것 또한 시원해 보이고 쉽게 읽힌다는 장점으로 작용한다.

여름에 신문이 바뀐 걸 독자들이 눈치챘는지는 모르겠다. 다만 신문 읽기가 조금 편해진 느낌을 받았으리라.

이후 언제 그랬냐는 듯 서늘한 바람이 불 때쯤 편집은 다시 이 전의 모습으로 돌아왔다. 날씨 사진이 사라진 자리엔 외교 안보 사진이 들어섰고, 지면의 여백도 줄어들어 예전의 긴장감을 되찾 았다. 여기서 잠깐 드는 생각. 다가오는 겨울에는 어떻게 될까. 서 울의 수은주가 영하 25도 이하로 떨어진다면, 111년만의 혹한이 찾아오면 신문 편집도 달라질까. 아마도 긴급 '동계 편집' 체제에 들어갈지도 모르겠다. 따뜻한 사진들을 어디서 찾고 온화한 느낌 의 지면을 어떻게 구현할지, 생각만 해도 머리가 뜨거워진다.

고령화 탓? 신문 글자가 커졌다

신문을 보기 편하게 만들기 위한 노력은 오랜 기간에 걸쳐 여 러 방면에서 이루어져 왔다. 세로쓰기에서 가로쓰기 편집으로 바 뀐 1999년에도 그랬고, 전면 컬러 인쇄가 도입된 2003년에도 그랬다. 그리고 알게 모르게, 신문을 구성하는 가장 기본적인 요소인 본문 활자도 조금씩 바뀌었다. 서체의 변화와 함께 점점 커진 것이다.

할아버지들이 돋보기로 신문을 보던 시절이 있었다. 하지만 지금은 돋보기가 필요 없을 만큼 신문 본문의 크기가 커졌다. 여기엔 대한민국의 급속한 노령화도 한몫 했을 것이다. 독자서비스센터엔 글자가 작아 보기가 힘들다는 불만이 지금도 계속 올라오고 있다. 신문의 주 독자층 연령대가 높아지고 있기 때문에 신문사 입장에서는 활자의 크기를 고민할 수밖에 없다. 결국은 키우고 또 키웠다. 그렇다면 과거에 비해 얼마나 커졌을까.

〈조선일보〉는 1920년 창간 이래 모두 20차례 서체를 바꿨다. 처음엔 붓글씨 느낌의 궁서체를 사용하다가 1938년 일제강점기에 지금의 명조체와 닮은 글자체를 개발했다. 그 이후에도 시대에 맞게, 독자들의 선호에 따라 글자체는 계속 수정되었다.

〈조선일보〉가 본격적으로 서체를 바꾸기 시작한 건 1992년 신문 제작에 CTS(컴퓨터 식자 시스템Computerized Typesetting System)가 도입되면서부터다. 그 이전에는 문선공文選工들이 수작업으로 인쇄용 활판에 납 활자를 넣어 신문을 찍어냈으므로 서체를 바꾸려면 활자판 전체를 다시 제작해야 했다.

신문을 세로로 읽던 시절의 활자는 가로가 조금 뚱뚱한, 그러니까 약간 납작한 형태였다. 같은 세로 공간에 더 많은 기사를 넣기 위해서였다. 하지만 1999년 가로짜기 편집을 시작하면서 상황이 바뀌었다. 세로로 날렵해야만 가로 공간에 더 많은 글자가 들어간다. 신문 편집이 지금과 같은 형태가 되면서, 가로보다 세로가 길어진 9.4포인트●의 현대적 서체가 탄생했다. 예전 신문의 서체도 크기는 이와 대동소이했으니, 할아버지 돋보기 시절의 신문 본문 활자를 9.4포인트라고 봐도 무방할 것이다.

이후 13년간 변화가 없던 활자는 2012년부터 0.4포인트가 커지게 된다. 9.8포인트의 활자로 처음 인쇄된 10월 23일자 1면에는 '눈이 편합니다, 쉽게 읽힙니다'라는 제목의 사고社告가 나갔다. 내용 중에 이런 문장이 눈에 띈다.

막힘없이 달리는 고속도로 같은 가독성으로 신문 읽기의 새 장을 엽니다. 남녀노소 모두 눈의 피로 없이 신문을 오래 읽을 수 있도록 한 것이 핵심입니다. 인터넷과 스마트폰 등으로 갈수록 눈 건강을 잃고 있는 현대인을 위한 〈조선일보〉의 작은 정성이기도 합니다.

활자 조금 키우면서 너무 많은 의미를 담은 건 아닌가 싶지만,

● point. 글자의 크기를 나타내는 단위로, 1포인트는 1/72인치로 약 0.35mm다.

당시엔 0.4포인트를 키우는 것도 엄청난 변화였다. 본문 크기를 키우면 지면에 들어가는 글자 수가 줄어들고, 결국 신문이 전달하는 정보의 양도 줄어들게 된다. 이전과 같은 양의 정보를 더 짧은 글에 넣으려면 결국은 기사 스타일까지 바꿔야 한다.

커진 활자에 독자들은 환호했다. 특히 고령 독자들의 칭찬이 끊이지 않았다. 이에 고무되었을까. 이왕 키운 김에 더 키워보자. 1년 만에 또다시 본문 활자를 0.4포인트 더 확대하기로 했다. 2013년 9월부터 10.2포인트의 글자체를 사용하게 된 것이다.

그런데 활자가 9.4포인트에서 10.2포인트까지 커지게 되자 다른 문제가 발생했다. 기존의 가로 7단 체제에서는 1단의 크기가 4.8㎝였는데 여기에 커진 활자가 들어가다 보니 한 단에 들어가는 글자 수가 너무 적어진 것이다. 기사를 가로로 조금 읽고 바로 그 아래 행을 읽어야 했기에 눈동자의 지그재그 운동 속도가 빨라졌고 그만큼 눈의 피로도가 높아졌다. 이 문제를 해결하려면 단의 크기도 넓히는 수밖에 없었다. 7단 체제를 6단 체제로 바꾸면 1단의 크기가 5.6㎝로, 0.8㎝ 더 커지게 된다. 그리하여 2016년 1월부터 현재의 6단 체제가 운영되었다. 대판●인 〈조선일보〉보다 판형

● 가장 보편적인 신문 판형(394x546㎜). 일본의 신문들과 영국의 〈파이낸셜타임스〉 등 많은 국가의 주요 신문사들이 사용하고 있다.

이 작은 베를리너판●의 〈중앙일보〉는 가로 5단 체제로 운영되는 데, 이것도 같은 이유에서다.

　7단에서 6단으로 기사 1단의 폭이 커지자, 활자의 크기를 더 키워도 되지 않느냐는 의견이 나왔다. 독자들은 더 읽기 편한 신문을 원했고, 그러려면 본문 활자가 커져야 했다. 독자들의 요구는 받아들여졌다. 10.2포인트로 본문을 키운 지 6년, 6단 체제로 전환한 지 2년 만인 2018년에 〈조선일보〉는 기존의 활자 크기를 10.8포인트로 확대하게 된다. 글자가 한번에 0.6포인트나 커지면서 다른 시스템도 동시에 조정되어야 했다. 1단에 들어가는 글자 수를 어느 정도 유지하기 위해 글씨체는 더 날씬하게 다듬었고, 신문이 인쇄되는 가로의 폭을 36㎝에서 36.2㎝로 2㎜ 더 넓혔다. 6단 전체의 가로폭을 2㎜ 넓히면 기사가 흐르는 1단의 크기는 0.3㎜ 커지게 된다. 독자들이 느낄 수 없는 수치지만, 신문을 보는 내내 1단을 수천 번 왔다 갔다 훑어야 하는 독자들의 눈동자는 충분히 감지할 수 있는 크기다.

　신문 본문 활자는 이렇게 10년이 안 되는 기간에 9.4포인트에

● 대판의 절반 크기를 타블로이드판(273x394㎜. 예전 지하철역 주변에서 나눠준 무가지가 이 크기)이라 하는데 베를리너판(323x470㎜)은 대판과 타블로이드의 중간 크기이다. 독일 베를린 지역에서 처음 만들어졌으며 〈더 가디언〉, 〈르 몽드〉 등이 사용하고 있다. 용지가 작아 제작 비용을 절감할 수 있는 반면 기사량도 30퍼센트 정도 줄어든다.

서 10.8포인트로 무려 1.4포인트가 커졌다. 이것이 마지막일까. 아닐 것이다. 스티브 잡스가 절대 안 된다고 했는데도 아이폰 화면의 크기가 계속 커진 것과 같은 이유다. 사회가 발전하고 복잡해질수록 사람들이 받아들여야 하는 정보량(동영상이든 활자든)은 늘어나게 되고, 그 스트레스를 줄이기 위해 신문 또한 더 읽기 쉽게 변할 것이다. 앞으로 10년 뒤엔 얼마나 더 커질 지 누가 알겠는가. 돋보기 회사가 망한다면 신문 때문이라고 해도 할 말이 없지 않을까 싶다.

페이지네이션°, 왜 정치면 다음 사회면인가

"여보세요? 거기 신문사죠? 저는 30년 독자인데요, 신문이 이래도 되는 겁니까?"

"네? 아니, 무슨 일 때문에 그러시죠?"

"제가 오늘 아침에 1면을 보고, 사설을 보려고 페이지를 넘겼는데 사설이 없잖아요? 원래 사설이 2면에 있어야 되는 거잖아요."

● Pagination. 신문의 지면 배치를 일컫는 말.

"아, 네. 어르신, 저희가 오늘부터 지면 배치를 바꿨습니다. 사설은 맨 뒷면으로 옮겼습니다."

"아니, 그러니까요. 맨 뒤에는 사회면이 있어야 하는데, 거기에 사설을 갖다 놓으면 어쩝니까. 이렇게 마음대로 바꿔도 되는 겁니까?"

"저희가 그동안 지면에서 안내도 드리고 했는데요. 더 좋은 지면을 만들려고…"

"아무리 그래도 그렇지. 매일 30년간 봐온 신문인데 이렇게 하루아침에 바꾸는 법이 어디 있어요? 독자들을 무시하는 거예요?"

"아, 그게…"

"사회면이 맨 뒤에 있을 때는 탁 뒤집어서 바로 볼 수 있었는데, 지금은 안쪽에서 한참을 찾아야 하고. 이건 뭐, 신문이 엉망진창이 된 것 같아요. 불편해서 볼 수가 없잖아요? 다른 신문은 아직 그대로죠? 다시 원위치 안 하면 신문 바꿀 겁니다. 알아서 하세요."

"어르신, 저희가 독자들의 의견을 더 반영하려는 취지에서… 여보세요? 여보세요?"

2003년 1월 24일 〈조선일보〉는 수십 년간 유지해오던 페이지네이션, 즉 지면 배치를 바꾸는 개혁을 단행했다. 2면에 사설, 뒤쪽 3개 지면에 사회 기사를 넣던 관행을 깨고 사설과 오피니언면을 사회면 자리로 옮긴 것이다. 사회면을 전진 배치해 종합, 정치, 사회, 경제, 국제, 문화 뉴스를 1면부터 끊임없이 '한 흐름'으로 읽게 하고, 1면 다음으로 가독성이 높은 맨 마지막 지면에 사설과 칼럼 등을 실어 독자들과의 소통을 강화한다는 취지였다.

한편으론 사이버 공간의 폭발적 성장이라는 시대적 흐름을 반영한 결과이기도 했다. 인터넷 매체를 통해 실시간으로 전달되는 사건 사고 뉴스는 더 이상 신문의 주무기가 될 수 없었던 반면, 매체의 범람으로 인해 신문만의 색깔을 보여주는 사설과 칼럼은 더욱 중요해졌기 때문이었다.

하지만 신문사의 생각과 달리 독자들은 혼란스러워했다. 새 신문이 나간 첫날부터 편집국엔 항의 전화가 쇄도했다. 다른 신문으로 옮기겠다는 독자들도 많았다고 한다. 신문 보는 사람들에겐 정치는 몇 면, 사회는 몇 면, 하는 예측 가능성이 중요한데 그 틀이 하루아침에 깨졌으니 당황스럽고 불편했을 것이다.

매일 같은 시간에 신문을 읽는 독자들에겐 습관이 중요하고, 그만큼 신문은 기존의 규칙을 깨기가 힘들다. '오늘의 운세'나 '생활 외국어' 같은 코너도 평소 실리던 지면이 아닌 다른 면에 게재되면 어김없이 독자들의 항의가 날아든다. 톱기사의 순서와 위치를 손바닥 뒤집듯 하는 편집자라도 1면 오른쪽 하단의 '팔면봉'은 절대 옮기지 못하는 이유이기도 하다.

하지만 지면 개편의 방향이 맞는다면, 그래서 일정 기간의 불편함을 딛고 더 강한 습관으로 자리 잡는다면, 다른 신문이나 매체로 옮겨가지 못하게 독자들을 끌어당기는 역할을 한다. 바꾼 쪽이 주류가 되고 바꾸지 않은 쪽이 비주류가 되는 것이다. 지금 거의 모든 신문의 사설은 마지막 지면에 있다.

지면 혁명 이후 15년이 지나는 동안 각 신문사들은 지면 구성을 좀 더 편하고 체계적으로 하려고 많은 시도를 해왔다. 경제를 본지와 분리해 섹션으로 제작하고 주말 읽을거리를 위한 섹션도 따로 만들었다. 한동안 스포츠면도 섹션화 했다가 다시 본지와 합쳤는데, 최근 어떤 신문은 경제 섹션에 스포츠면을 넣어 화제가 되기도 했다.

15년간 가장 많은 변화를 겪은 지면은 2면이 아닌가 싶다. 예전에는 사설이 위치했다가, 이후 굵직한 정치 기사가 왔다가, 지금은 생활과 직결된 기사나 읽을거리 위주의 소프트한 기사가 들어간다. 무거운 1, 3면 기사와 달리 2면은 재미있어야 한다는 나름의 지면 정체성이 생긴 것이다. 그 정체성이 자리 잡는 과정에 성장통도 있었다. 각 부서에서 어느 면에 가야 할지 판단이 서지 않는 기사를 모두 2면으로 보내는 바람에, 한동안은 이것도 저것도 아닌 '계륵 지면'이 되었다. 담당 편집자는 성격이 애매한 수십 개의 기사를 쌓아놓고 골머리를 앓아야 했다.

"2면이 무슨 쓰레기통이야?" 당시 지면을 맡았던 선배가 외친 말이다.

최근에는 그 날 신문에 어떤 기사들이 실렸는지 안내하는 '인덱스'가 지면 구성의 중요한 요소로 인식되고 있다. 바쁜 독자들이 신문을 다 넘겨보지 않고도 기사를 바로 찾아볼 수 있게 하는 배려다. 〈조선일보〉는 2면 'Chosun Today' 코너에서 3개 정도의 기사를 선별해 안내하고 있는데, 이를 더 확대하는 방안도 논의되고 있다. 모바일 뉴스 채널의 첫 화면을 보듯, 한눈에 콕 집어 보여주는 인덱스를 디자인할 수도 있을 것이다.

어떤 식이 되었든, 따로 안내할 만큼의 차별화된 기사를 얼마나 생산할 수 있느냐가 관건이다. 앞쪽 지면의 기사는 인덱스가 필요 없다. 1면에 가장 중요한 기사들을 넣고, 2면은 재미있는 읽을거리로 채우고, 바로 옆 3면에 깊이 있는 분석 기사를 쓰고도 뒤쪽 지면에 흥미진진한 콘텐츠가 즐비해야만 인덱스를 두는 의미가 있다. 애매한 기사들을 쌓아놓고 편집자가 고민할 정도라면, 인덱스를 어디에 어떻게 배치하든 독자들은 관심이 없을 것이기 때문이다.

신문지에 숨어 있는 '알쓸신잡'

기사와는 전혀 상관없이 신문을 본 적이 있는가. 바닥에 깔려 있는 신문지를 보다가, 혹은 신문지로 물건을 싸다가 '어, 근데 이건 뭐지?' 하고 궁금증을 느꼈다면, 호기심이 유별난 사람일 것이다. 대부분의 독자들은 전혀 눈여겨보지 않는 곳에 '알아두면 쓸데없는 신비한 잡학사전' 같은 신문지의 비밀이 숨어 있다. 굳이 알려주겠다.

■ 톱니처럼 생긴 신문 상단의 절단면

신문을 인쇄하는 윤전기는 시속 46.8㎞의 빠른 속도로 돌아간다. 이어진 용지로 인쇄된 신문은 낱장 상태에서 원형 칼날로 잘라 가로 폭을 맞추고, 이후 다 접힌 상태에서 한 부씩 톱날 모양의 칼날로 위아래를 잘라준다. 여러 면이 겹쳐져서 두꺼워진 신문을 자르려면 저항을 적게 받는 톱니 칼날이 효율적이다. 신문의 옆면은 매끈한데 상단과 하단의 절단면이 우툴두툴한 건 이 때문이다. 하나 더. 신문지의 옆쪽 끝부분은 손가락으로 잡아 넘기기 쉽게 따로 요철 모양의 롤러로 눌러놓았다. 만져보고 느껴보라.

■ 신문 상단 또는 하단의 구멍들

윤전기가 신문 용지를 다음 단계로 넘기기 위해선 종이를 정확히 잡아 끌어당겨야 하는데, 그 과정에 8~9개의 접지 바늘이 사용된다. 찔러서 옮기는 것이다. 공장에 따라 그 상처가 상단에 나기도 하고 하단에 나기도 한다.

■ 광고 위의 회색 띠

지면 광고의 바로 위엔 기사와 광고를 나누어주는 것처럼 보이는 2~3㎜ 폭의 회색 선이 있다. 이 선은 단순한 구분선이 아니라 신문의 인쇄 품질을 확인하는 리트머스 역할을 한다. 신문은 파랑, 빨강, 노랑의 3원색과 검정색을 섞어서 컬러를 구현하는데, 3원색이 제대로 섞였는지 이 선을 통해 확인할 수 있다. 3색이 정확한 비율로 섞였을 때에만 회색이 나오기 때문에 이 선이 회색이 아닌 다른 빛깔을 띠고 있다면 인쇄가 잘못된 것이다.

■ 맨 하단에 찍힌 작은 숫자들

신문의 맨 아래를 보면 작은 글씨로 숫자가 여러 개 적혀 있는 것을 볼 수 있다. 1면을 기준으로 볼 때 오른쪽에 검은 색으로 찍힌 숫자가 독자들에게는 그나마 의미가 있다. 지금 보는 신문이 몇 번째 개판한 판인지를 가리키기 때문이다. '52 0'으로 적혀 있다면 52판 신문, 즉 2번째 판이다. 뒤에 적힌 0은 편집 편의상 지역을 구분하는 숫자다. 0은 전국을 나타낸다. 따로 지역 구분이 없이 전국적으로 배포된다는 뜻이다. 드물지만 '53 A 0'처럼 중간에 알파벳이 들어가기도 하는데, 'A'는 편집자가 53판을 강판한 이후 긴급 수정할 부분이 있어 판을 재강판했다는 의미다. 이것 이외에 왼쪽이나 중간 부분에 적힌 숫자들은 어느 공장에서 인쇄했는지를 알려주는 번호이므로 독자들에겐 의미가 없다. 가운데 부분의 빨간색 파란색 검은색 점들과 좌우 양쪽 끝의 '+' 표시는 인쇄의 초점이 잘 맞았는지 여부를 알려주는 마크다.

5

편집자가 '물먹는'
4가지 방법

사진 낙종: 어느 신문사 편집회의

"오늘자 1면 사진은 어떻게 된 겁니까? 이 중요한 시국에 미국 항공모함 2대가 동해에서 훈련을 했다는데, 왜 우리 사진에는 한 대밖에 안 보이죠? 〈A일보〉 사진이 훨씬 돋보이잖아요. 편집부, 말씀해보세요."

"그게……"

"〈A일보〉가 1면 톱으로 올린 사진을 보세요. 항모 칼빈슨, 레이건, 호위함 6대, 그 위로 날아가는 전투기 5대까지, 한 장에 나와 있잖아요. 이런 사진을 우리가 놓쳤다는 게 말이 됩니까? 밤에 나온 외신 사진도 안 챙기고, 도대체 1면 편집자와 사진부 야근자는 일을 한 거예요, 안한 거예요?"

"그게, 〈B일보〉나 〈C일보〉도 우리가 쓴 것과 같은 사진을 1면에 썼습니다. 외신 사진을 우리가 놓친 건 아니고요. 미국 국방부가 외신에 제공한 사진에는 그 장면이 없었습니다. 혹시나 싶어 어젯밤 나온 사진을 모두 검색해봤는데, 그 사진은 없었습니다."

"그럼 〈A일보〉가 사진 특종을 했다는 겁니까? 〈A일보〉 사진기자가… 이거 항공사진 맞죠? 전투기보다 위에서 찍었네. 그럼 그 기자가 미군이 제공하는 항공기를 타고 동해 하늘 위로 올라가서, 미국 항모 2대가 일본과 연합 훈련하는 장면을 찍었다는 거예요? 단독으로? 그 말을 하려는 겁니까?"

"아닙니다. 사진은 분명 미국 국방부에서 찍은 겁니다."

"그런데 어떻게 〈A일보〉만 그 사진을 입수해요? 말이 안 되잖아요."

"그게… 아침에 저도 사진을 보고 놀랐습니다. 그래서 〈A일보〉 편집부에 있는 후배한테 물어봤는데요, 어젯밤에 근무한 야근자들이 미국 국방부 홈페이지에서 찾아낸 거랍니다."

"미군 홈페이지에 있는 거라면 우리도 찾았어야죠."

"예. 어제 우리 기자들도 들어가보긴 했는데, 그땐 없었습니다."

"없었다니요? 미군이 사진으로 숨바꼭질이라도 했다는 겁니까?"

"미군이 홈페이지에 띄워놓은 사진이 아니라, 따로 홍보용으로 저장해놓은 파일이 있었는데 그 속에 들어있었답니다."

"그쪽 야근자가 그런 세부 파일까지 뒤져서 찾아낸 거라고요?"

"네, 그렇답니다."

"나 참, 어떻게 그런… 이건 근무를 하고 안 하고의 차이가 아니에요. 열정의 차이예요, 열정. 기존에 나온 사진이 마음에 안 들면 어떻게든 더 좋은 사진을 찾았어야죠. 이 사진, 내일자에라도 우리 지면에 쓰세요."

"이미 경쟁지 1면에 난 사진인데, 하루 지나서 쓴다는 건 좀…"

"우리 독자들은 못 봤잖아요? 자존심 따질 일이 아닙니다."

"네…. 내일자 외교 안보 면에 넣겠습니다."

제목 낙종: 편집부원들에게 보내는 이메일

"오늘 아침 우리 신문에는 단독 기사가 실리지 않았습니다. 대부분 다른 매체에서도 보도했던 내용이었죠. 보통 이런 날 신문은 제목과 편집으로 승부합니다. 그래서 그만큼 편집부의 역할이 중요했습니다. 물론 다수의 지면들은 기대했던 수준을 보여주었어요. 몇몇 제목은 아주 돋보였습니다. 그런데 우리 신문의 간판이라 할 수 있는 1면에서, 저는 오늘 실망감을 감출 수 없었습니다. 편집자가 조금만 더 신경 썼더라면 하는 아쉬움이 많았습니다. 모두 봐서 알겠지만 오늘 1면 톱기사는 인터넷 전문은행 2곳이 선정됐다는 뉴스였습니다. 한국에서 23년 만에 새로 여는 은행의 주인으로 카카오와 KT가 뽑혔죠. 이 소식은 어제 종일 인터넷과 방송을 탔습니다. 오늘 아침에 신문에서, 그것도 톱기사로 쓴다면 적어도 방송 뉴스보다는 한발 더 나가야 했습니다. 문제는 제목이었습니다.

우리는 「IT기업발 은행 빅뱅 시작」으로 갔죠. IT기업이 은행을 열게 되었으니 큰 변화가 일어날 것이다. 그런 의미로 해석되는데, 이건 누구나 예상 가능한 얘기입니다. 새로운 뉴스가 담기지도 않았고 임팩트도 없을 뿐더러, 제목 언어의 맛조차 살리지 못했습니다. 편집자가 고민한 흔적이 전혀 안 보인다는 말입니다. 혹시나 싶어 인터넷을 검색해보니 이와 비슷한 제목이 어제 오후부터 온라인 매체 여러 곳에 떠 있더군요. 오늘 다른 신문에선 어떤 헤드라인을 썼는지 보셨습니까. 한 신문의 제목이 눈에 확 들어왔습니다. 「카카오와 KT, 금융권에 메기 두 마리 풀렸다」입니다. 어떻습니까. 23년간 고여서 썩고 있는 금융권을 이 두 인터넷은행이 휘젓고 다니는 게 연상되지 않나요. 인터넷은행 선정 뉴스의 핵심은 이것이었습니다. 우리는 놓쳤고 다른 신문은 제대로 잡은 거죠. 제가 누누이 강조하는 바이지만 편집자는 뉴스의 흐름을 파악하고 있어야 합니다. 과연 이 뉴스가 독자들한테는 어떤 의미인가. 무엇을 끄집어내서 보여주어야 독자들이 이 뉴스에 담긴 본질을 이해할 수 있는가. 기사와 지면을 놓고 항상 고민해야 합니다. 편집자가 매너리즘에 빠진다면 더 이상 지면에서 기대할 것이 없습니다. 그런 의미에서 이번 주말쯤 지면 담당자의 조정이 있을 예정입니다. 혹 정치면이나 경제면 등 특정 지면에 의지가 있는 부원들은 미리 팀장에게 말해주기 바랍니다.”

편집 낙종: 해군 내무반의 대화

일병: 어제 우리 훈련한 거 말입니다. 보셨습니까? 신문에 났지 말입니다.

상병1:   그래? 역시, 대한민국 언론이 아직 살아 있네.

상병2: 당연하지. 그게 보통 훈련이 아니잖아. 제2연평해전 6용사 선배님들의 이름을 딴 고속함들이 훈련에 참여했잖아. 얼마나 뜻깊어. 해군 1함대 2함대에 나눠져 있던 6용사함들이 다시 서해에 모인 건데. 어이, 거기 신병, 올해가 몇주기라고?

이병: 네, 13주기입니다.

상병1: 그래 맞아. 고속함 6대가 줄을 쫙 서서 돌진하는데 말야, 봤어? 멀리 떨어진 우리 함에서 볼 때도 멋지더라. 헬기도 막 날아다니고 하던데 거기서 서해 수평선을 배경으로 사진을 찍었으면 얼마나 멋졌겠어? 야, 이병. 가서 오늘 신문들 좀 다 모아 와봐. 어떻게 실렸는지 한번 보자.

상병2: 뭐 그런 거까지 신병 시키냐. 야, 넌 그냥 있어. 내가 가서 가져올게.

상병1: 우와, 군대 좋아졌네. 이제 고참이 잔심부름도 못 시키겠어.

이병: 아닙니다. 제가 미리 스크랩을 해놨습니다. 여깄습니다.

상병1: 어쭈, 제법인데.

일병: 얘가 신문방송학과 다니다가 왔지 말입니다. 이쪽 분야는 전문입니다.

이병: 입대해서 대규모 훈련에 투입된 건 처음이라, 기념으로 정리해봤습니다.

상병2: 그래. 좋은 자세다. 그렇게 군 생활 하면 시간도 더 잘 가지. 어디 보자. 이야, 정말이네. 조중동이 다 썼구만. 사진 제목도 좋다. '영웅 6인, 서해에서 뭉쳤다'

이병: 네, 모두 1면 톱 사진으로 실었습니다. 〈조선일보〉와 〈동아일보〉는 같은 사진을 썼고, 〈중앙일보〉는 다른 방식으로 편집을 했습니다.

상병2: 〈조선〉 〈동아〉는 정면에서 찍은 장면을 썼네. 근데 〈중앙〉 쪽 사진이 훨씬 좋아 보인다. 옆에서 찍은 거라서 물살을 헤치고 나아가는 모습이 바로 드러나네.

상병1: 우와, 여기 봐. 〈중앙〉은 함정 하나하나에 6용사 얼굴을 붙여놨어. 윤영하함, 한상국함, 조천형함, 황도현함, 서후원함, 박동혁함.

일병: 그러게 말입니다. 앞쪽에 얼굴과 이름이 있고, 같은 이름의 고속함들이 마치 거기서부터 출발하는 듯 보이지 말입니다. 함정 사진 위에 얼굴 사진들을 잘 배열해놓았습니다.

상병2: 그렇네. 그래서 〈중앙〉만 옆쪽 장면을 쓴 거네. 그래야 함정들마다 얼굴을 붙일 공간이 생기니까. 〈조선〉과 〈동아〉 사진을 보면 이게 일반 훈련 장면인지 설명을 읽어보지 않으면 잘 모르겠잖아. 그런데 〈중앙〉은 사진에 6용사의 얼굴과 이름을 그래픽으로 처리해서, 딱 봐도 훈련의 의미를 알게 해놨네. 이런 게 아이디어지. 신병, 맞지?

이병: 네 그렇습니다. 아마도 담당 편집자가 아이디어를 낸 모양입니다.

상병1: 야, 근데 이러면 어떻게 되냐? 신문사들끼리도 경쟁이란 걸 할 텐데. 이거 전투로 치면 〈중앙〉이 이긴 거잖아. 〈조선〉 〈동아〉 기자는 엄청 혼나는 거 아냐? 어디 창고에 가서 빠따라도 맞는 거 아니냐고?

일병: 에이, 지금은 군대도 안 때리는데 말입니다. 농담이 지나치시지 말입니다.

상병1: 어쭈구리. 농담이 아니라는 의미에서 오늘 무기창에 집합 한번 해볼까?

상병2: 야 야, 그만해라. 진담인줄 알겠다. 신병 표정 굳어진 거 안보이냐? 그러나저러나 〈조선〉 〈동아〉 편집자들은 오늘 아침에 가슴 좀 아팠겠다.

기사 낙종: 1면 야근자의 시말서

소속: 편집국 편집부

직책: 기자

이름: 한야근

상기 본인은 편집국의 1면 야근자로서 야근 상황에서 발생하는 속보를 확인하고 판단해 보고해야 함에도 그 의무를 게을리 하여 본지의 가치를 훼손하였습니다. 이에 시말서를 올립니다.

사건의 경위

2018년 5월 13일 본 기자는 편집부 1면 야근을 맡았습니다. 자정을 넘긴 14일 00시 40분경 국제부 야근자가 인터넷에 올라온 해외 통신사의 뉴스 하나를 인쇄해 들고 왔습니다. 당시는 53판 신문을 강판한 이후였기 때문에 기사를 실으려면 54판으로 다시 개판해야 하는 상황이었습니다. 판을 바꿔 실을 만한 기사인지 판단할 필요가 있었습니다.

기사는 존 볼턴 미국 백악관 국가안보보좌관의 발언에 관한 것이었습니다. 볼턴 보좌관이 ABC방송과의 인터뷰에서 '북한의 핵

농축과 재처리 능력이 제거돼야 한다'고 말했다는 것이 주된 내용이었습니다. 볼턴은 이전에도 북한의 핵 폐기에 관해 여러 차례 언급을 했던 터라 본 기자는 이 기사를 대수롭지 않게 여겼습니다. 윤전기를 세우고 54판을 제작하려면 최소한 1면에 들어갈 정도의 가치가 있어야 하는데, 그 정도의 기사로 보이지 않았습니다. 00시 50분경 〈연합뉴스〉도 같은 내용의 기사를 띄웠는데 그때도 무시했습니다. 야간국장에게 알릴 만한 사안도 아니라고 판단하여 보고하지도 않았습니다.

그런데 당시 외신과 〈연합뉴스〉의 기사에는 본 기자가 놓친 부분이 있었습니다. '북한 비핵화의 이행은 북한의 핵무기를 테네시주의 오크리지로 가져가는 것을 의미한다'고 한 볼턴의 또 다른 발언이었습니다. 미국이 말하는 '비핵화'의 구체적 의미를 놓고 언론이 주목하는 상황에서, 그 핵심적인 내용을 미국의 국가안보보좌관이 밝힌 것입니다. 충분히 1면 기사가 되는, 아니 1면에 반드시 넣어야만 하는 중요한 기사임에도 불구하고 편집자로서 아무런 조치도 취하지 않은 것입니다.

본 기자는 아침이 되어서야 실수를 인지했습니다. 모든 방송과 인터넷 매체가 볼턴 보좌관의 말을 중요 뉴스로 보도하고 있었습니다. 1면 야근자의 불찰로 인해 본지는 그 다음 날에야 「볼턴 "북한 핵무기, 미국 테네시로 가져갈 것"」이라는 제목의 기사를 게재했습니다. 독자들에게 하루 늦은 뉴스를 서비스한 것입니다. 본 기자는 이 사건으로 야근 상황에서 1면 편집자의 역할이 얼마나 중요한지 다시 한 번 깨달았습니다. 잘못을 반성하고 향후에는 이런 일이 일어나지 않도록 하겠습니다. 53판, 54판의 야근 상황에서 뉴스를 꼼꼼히 살피고, 독자들에게 좀 더 새로운 소식을 전하기 위해 최선을 다하겠습니다.

AI와 윤전기 사이에서

"미국의 한 대학 연구팀이 만든 '퀼Quill'이란 인공지능 프로그램이 있어요. 스포츠 경기에 관한 데이터를 입력하면 자동으로 기사를 작성하는데, 그게 말이죠, 그냥 스트레이트 기사만이 아니라 감성적인 문장까지 구사하는 거예요. 기자들이 쓴 기사보다 낫다는 말이 나올 정도라니까요. 근데 더 놀라운 건 이 얘기가 5년 전 상황이란 거죠. 지금은 빅데이터와 연결돼서 더 막강해졌어요. 〈포브스〉 같은 매체에선 벌써부터 실전에 배치했죠. 글쎄 30초당 한 건씩 기사를 만들어 올린대요. 퀼이 기자들을 킬Kill 하고 있는 거죠."

"그거 기자들한텐 터미네이터네."

"그런 셈이죠. 근데 그 알고리즘을 신문 편집에도 적용한다고 생각해봐요. 편집국장의 음성 명령이 떨어지는 순간 맞춤형 헤드라인을 내놓을 거예요. 레이아웃이나 편집 디자인도 취향에 따라 고를 수 있을 거고. 신문 편집자의 미래? 게임 끝났다고 봐요.”

“야, 근데 그거 너무 디지털적이지 않아? 내 말은, 손에 잡히지가 않는다는 거지. 우리가 만드는 신문은 만질 수 있고, 집어서 넘길 수 있고, 잉크 냄새가 나고, 가끔은 오탈자도 있어서 사람 냄새도 나고, 그런 거잖아. 디지털 퍼스트라지만 아직도 수백만 명의 국민들이 자기 돈을 내고 신문을 보고 있고. 현재를 미리 묻어버리는 게 미래에 얼마나 도움이 될지 모르겠네.”

“형, 현실을 부정하는 게 아니고 미래를 바로 알자는 거예요. 어차피 길은 정해져 있는 거니까, 신문사 기자들도 미리 대비를 하자는 거예요.”

“제목 하나를 달더라도 말이야, 자부심이 있고 없고는 큰 차이야. 난 말야, 기자들이 신문에 대한 애정을 잃고 스스로 신문의 힘을 약화시키고 있는 건 아닌지 걱정이 돼. 편집자들은 취재부서가 편집의 중요성을 모른다고, 기사만 써서 보내면 자판기처럼 뚝딱 신문이 나오는 걸로 안다고 얘기하잖아. 그러는 편집자들은 신문의 중요성에 대해서, 가능성에 대해서 얼마나 생각하고 있을까.

애정이 있기는 한 걸까. 늘 하던 대로 편집만 하면 뚝딱 신문이 나오는 걸로 생각하는 거 아닐까."

"신문의 가능성이라니. 형은 정말 아날로그주의자네. 그럼 형, 진짜 아날로그 공장 얘기 좀 해봐요. 종이 신문 찍어내는 윤전실 말야. 거기도 예전과는 많이 달라졌을 거 아냐. 디지털 퍼스트 시대에 거긴 어때요?"

"아, 그게……"

"뭐야, 그 표정은? 설마, 안 가봤어요?"

그래서 나는 부평공장에 갔다

신문사에서 18년, 부끄럽게도 나는 윤전기를 제대로 본 적이 없었다. 수습기자 시절에 잠깐 견학을 간 적이 있지만 기억나진 않는다. 신경 쓰지 않았기 때문이다. 후배에게 했던 말처럼 이건 애정의 문제였다. "사랑이 식었네."는 와이프가 항상 하는 말이고, 이쯤 하면 "애초에 사랑 따윈 없었네."라는 말을 들어도 싸다.

다음 날 나는 〈조선일보〉의 인쇄 공장 중 가장 시설이 좋다는 인천 부평공장에 전화를 걸었다. 편집부 출신 선배가 이 인쇄 회사의 사장님이라는 행운이 따랐다. 사정을 얘기했더니 바로 이해해주었고, 직접 설명을 하겠다며 날짜와 시간을 물어왔다. 신문 인쇄 장면을 봐야 하니까 저녁이어야 했다. 그리고 며칠 후, 야근한 다음 날 비번인 평일 오후에, 나는 경인고속도로를 탔다.

"귀마개를 하시죠."

안내를 받아 들어간 윤전실, 진한 잉크 냄새에 적응할 틈도 없이 공장장님이 조그만 핑크빛 물체 2개를 건넸다. 거대한 윤전기 4대가 동시에 돌아가며 내는 소음은 엄청났다.

"아뇨, 설명을 들어야 해서요."

"네?"

"설명요, 설명." 말할 때마다 배에 힘을 주고 크게 외쳐야 했다.

"뭐라고요?"

아차, 공장장님은 이미 귀를 막은 상태였다. 손짓으로 사양하고 '사장님 선배'를 따라 견학 코스를 밟았다.

모든 것은 종이에서부터 시작한다. 인쇄 공장에서 사용하는 신문 용지는 얼핏 보면 거인이 사용하는 두루마리 화장지처럼 생겼다. 폭이 1.6m, 풀었을 때 길이는 20㎞이며 무게는 1.4톤에 달한다.

그 거대한 종이 덩어리가 부평공장에만 700개가 저장돼 있다고 한다. 저장고를 보고 싶다고 하니 선배가 안내를 했다.

"많아 보이지만 하루에만 360개가 소모돼. 종이 길이로 따지면 서울 부산을 8번 갔다 오고도 남지. 그래서 계속 채워줘야 해." 지하 저장고의 규모에 놀라 서 있는 내게 선배가 말했다.

마치 자동차 주차 타워 수십 개를 한 곳에 펼쳐놓은 것 같았다. 대형 기계장치에 의해 롤이 꺼내지고 다시 보충되는 장면은 SF영화에 나올 법한 지하 도시의 연료 창고를 연상시켰다.

저장고에서 용지를 꺼내고, 밖으로 나온 두루마리를 윤전기까지 옮겨 장착하는 것까지 모두 컴퓨터 프로그램에 의해 자동으로 실행된다. 저장고와 윤전기 사이엔 두루마리를 하나씩 얹은 수송용 로봇 카트 수십 대가 늘어서 있는데, 용지가 떨어진 윤전기에서 신호가 오면 정확하게 찾아가 두루마리를 갈아 끼우고 돌아온다. "저 카트 하나가 고급 벤츠 한 대 값이야." 선배가 말했다.

윤전기는 한 번에 두루마리 2개를 사용한다. 풀리는 용지 뒤엔 여분의 두루마리가 2개씩 미리 장착돼 있다. 종이가 떨어지면 다른 두루마리가 그 자리에 들어가고, 비워진 하나는 로봇 카트가

와서 메워주는 식이다. 그렇게 4대의 윤전기를 위해 모두 8개의 두루마리가 동시에 풀리며 끊임없이 종이가 공급되는 것이다.

종이, 네 번의 터치로 신문이 될 지니

캄캄한 창고에서 나와 족쇄를 벗은 두루마리는 윤전기의 리드에 하얀 속살을 맡기며 팽팽하게 기지개를 켠다. 그리고는 기다렸다는 듯 타워형 윤전기 속으로 비상한다. 윤전기 속엔 가로 1.6m(1,576㎜), 용지와 같은 크기를 가진 롤러들이 맞물려 돌아가며 종이를 밀어 올리는데, 각 롤러에는 지면을 찍어내는 알루미늄 인쇄판 4개가 감겨 있다. 신문의 가로 폭이 약 40㎝(394㎜)이니 한 번에 4개의 지면이 동시에 인쇄되는 것이다.

신문 인쇄는 파랑, 빨강, 노랑, 검정 순으로 4가지의 색깔을 겹쳐 칼라를 구현해낸다. 그러므로 칼라 지면 1개를 찍으려면 인쇄판 4개가 필요하다. 4개의 인쇄판이 세로로 배열된 롤러 4개에 각각 감기고, 롤러마다 다른 색깔의 잉크가 묻어 돌아가면서 중복 인쇄가 되는 것이다. 두루마리에서 풀려 올라간 종이는 파랑, 빨

부평공장의 용지 저장고

윤전기에 장착된 두루마리. 이 거대한 두루마리는 위쪽으로 풀리며 올라간다.

수송용 로봇 카트

인쇄된 지면이 잘리고 접히는 모습

인쇄 상태를 확인하는 직원들

강, 노랑, 검정색 롤러를 차례대로 거쳐야 비로소 신문이 된다.

4개의 지면이 찍히는 용지를 2개씩 잡아 올리는 윤전기가 4대 있으니, 부평공장은 한 번에 32개의 컬러 지면을 인쇄할 수 있다.

종이와 기계의 향연, 그리고 땀방울

윤전기 모터가 내는 굉음과 진동, 기계 장치의 규칙적인 소음. 8줄의 종이가 동시에 위로 솟구치며 잉크에 젖고, 인쇄된 지면이 사방으로 흩어져 올라가면서 잘리고 나눠지고, 다시 한곳으로 모여 접혀지며 신문의 형태를 갖추는 모습은 기계와 종이가 빚어내는 행위예술 같았다. 아름다웠다.

내가 위쪽을 바라보며 감탄하고 있는 사이, 아래쪽의 공장 사람들은 바삐 움직이기 시작했다. 15명 남짓의 직원들이 방금 찍혀나온 신문을 바닥에 깔아놓고 하나하나 살펴보고 있었다.

"각자 맡은 지면들이 있어. 색깔이 제대로 나왔는지 얼룩이 묻은 지면은 없는지 모니터에서 1차, 지면에서 2차로 검사하는 거야. 인쇄 시작부터 끝날 때까지 잘못된 부분을 찾아내 미세 조정을 하지." 선배는 이를 '검지檢紙'라고 불렀다.

공장 사람들이 가장 힘들어하는 상황은 뭘까. '재강판'이란 답이 돌아왔다. 강판하고 윤전기가 막 돌기 시작했는데 취재부에서 '기사에 오탈자가 있다'며 달려오고, 편집자가 '이건 고쳐야 돼' 하며 기존 판을 취소하고 다시 강판을 하는 경우다. 편집국에선 간단한 작업이다. 하지만 공장에선 윤전기를 세우고, 이미 만든 인쇄판을 버리고, 새로 제작한 인쇄판을 끼우고, 다시 윤전기를 돌려야 한다.

"흔히들 윤전기를 세운다고 하잖아. 자동차 브레이크 밟듯 끼이익, 하면 될 것 같잖아. 하지만 고속으로 돌고 있는 윤전기를 그렇게 세울 수는 없어. 기계에 무리가 가지 않게 아주 천천히 멈춰야 하지. 그러니까 재강판이란 건 말야, 이미 이륙한 비행기를 착륙시킨 후에 다시 띄우는 것과 같다고 보면 돼. 그만큼 힘들어."

세웠다 돌리는 과정에서 인쇄 품질이 나쁜 초반 지면은 모두 폐기해야 하고, 서둘러 속도를 올리다가 윤전기 속에서 종이가 끊어지는 '지절紙切' 사고가 날 때도 있다고 선배는 말했다. 끊어진 종이가 롤러에 말려 들어가면 열 때문에 단단하게 굳어버리는데, 그런 경우엔 굳은 종이 덩어리를 망치로 깨고 윤전기 전체를 청소해야 한다고 한다. 그 시간만큼 인쇄는 멈추고 발송과 배달도 늦어진다. 결국 기사 오자 하나 때문에 종이가 끊어지고 구독이 끊어지는 사태가 발생할 수 있다는 것이다. 설명을 듣는 내내 마음이 뜨끔했다. 그 재강판 단골 편집자가 접니다, 하고 자백할 뻔했다.

집으로 돌아오는 한밤의 경인고속도로. 까만 아스팔트 위 헤드라이트 불빛 속으로 문득, 대학 전공 첫 수업 시간에 들은 교수님의 첫마디가 떠올랐다.

"앞으로 5년 안에 종이 신문은 사라질 겁니다."

교수님이 그 말을 한지 26년이 지났다. 몸에 밴 신문 잉크 냄새가 그때의 기억과 겹쳐지며 묘한 기분이 들었다. 어쩌면 행운이었을 수도 있겠다. 신문은 겨우겨우 버텨온 것일지도. 하지만 감히 말하고 싶다.

"앞으로 5년 안에 종이 신문은 다시 일어설 겁니다."

교수님이 아직 수업을 하시는지는 모르겠다. 26년 후에 누군가 내게 '책에 쓴 당신 말은 틀렸어'라고 지적한다면 기꺼이 편집의 펜을 놓겠다.

신문 편집자들에게

'신문에 미래가 있을까' 불안하다면, '다른 일을 택해야 했는데' 회의가 든다면 자신이 만드는 신문이 인쇄되고 있는 곳을 한번 찾아가보길 바란다. 가서 종이의 가능성을, 인쇄의 무거움과 자신의 가벼움을 느껴보길 바란다. 그리하여 매일 보던 신문이 다르게 보이고 지면에 박힌 헤드라인이 실제보다 커 보인다면, 그 야성으로 다시 편집국에 돌아와 뉴스의 가치와 편집의 메시지를 고민해보길 바란다. 터미네이터에 반격을 가할 '존 코너●'의 이야기는 거기서부터 시작될 것이다.

● 영화 〈터미네이터〉 시리즈에 나오는 저항군 사령관. AI 로봇 군단을 쓰러뜨리고 인류를 구원한다.

감사의 말

—

"영훈 씨, 그런 거 말고 자기 이야기를 써보세요." 이 책의 출발선을 그어준 이주엽 선배께 감사드린다. 신입 시절, 편집의 언어와 철학을 이분에게서 배웠다. 편집자로서 가야 할 방향선까지 그어준 선배다.

"그거 말이야, 이렇게 하면 어때?" 고비마다 나타나 아이디어를 던져준 한현우 선배, "저는 예전에 이렇게 했어요." 책 쓰는 노하우를 알려준 김민철 선배, "다 됐어? 원고 한번 줘봐." 자신의 일처럼 출판을 도와준 김한수, 이한수 '쌍한수' 선배께도 고마움을 전하고 싶다.

"아이디어가 없는 편집은 편집이 아니다." 한정일 선배, "이제는 신문 편집도 변해야 한다." 안덕기 선배, 신문을 보는 새로운 눈을 뜨게 해준 분들께도 감사드린다.

그리고, 지면의 뒤편에서 이름 없는 기자로 청춘을 바친 편집부 선배들. 내가 가진 기자적 자산이 열이라면 하나부터 열까지 그분들에게서 받은 것이다. 신문사 편집부를 거쳐간 모든 선배에게 이 책을 바친다.

23시 30분 1면이 바뀐다

초판 1쇄 인쇄	2018년 11월 20일
초판 1쇄 발행	2018년 11월 27일

지은이	주영훈
펴낸이	신민식

편집인	최연순

펴낸곳	가디언
출판등록	제2010-000113호
주 소	서울시 마포구 토정로 222 한국출판콘텐츠센터 319호
전 화	02-332-4103
팩 스	02-332-4111
이메일	gadian7@naver.com
홈페이지	www.sirubooks.com

인쇄·제본	현문자현(주)
종이	월드페이퍼(주)

ISBN	979-11-89159-13-9 03320

* 책값은 뒤표지에 적혀 있습니다.
* 잘못된 책은 구입처에서 바꿔 드립니다.
* 이 책의 전부 또는 일부 내용을 재사용하려면 사전에 가디언의 동의를 받아야 합니다.

이 도서의 국립중앙도서관 출판예정도서목록(CIP)은 서지정보유통지원시스템 홈페이지(http://seoji.nl.go.kr)와 국가자료공동목록시스템(http://www.nl.go.kr/kolisnet)에서 이용하실 수 있습니다. (CIP제어번호 : CIP2018036757)